做自己心智的主人

15 分鐘讓大腦超靜定，
7 個解壓習慣╳ 66 天刻意練習，重新掌握生活

Unwind

7 Principles for a Stress-Free Life

區平（Michael Olpin）、布拉肯（Sam Bracken）——著

胡琦君——譯

目
次

讓減壓變習慣

卜慶芳

生活中一定會有我們始料未及的事情發生，對人類來說，這就是壓力。壓力很主觀，而且影響深遠，差異在於每個人受影響的程度不同，你是否能夠規律減壓。

每個世代都會有不同的壓力，例如戰後的台灣，大部分的人吃不飽，現在的台灣是許多人體重過重。

兩位壓力管理大師以自身經驗，簡單易懂的故事，說明思維與壓力的密切關係，以及身心對壓力的反應。他們更整理出一套有效的紓壓鍛鍊方法與原則，點出全人提升的重要。

當你了解壓力的本質與影響之後，就可以開始鍛鍊

書中的技巧；鍛鍊是最重要的。鼓勵大家從腦、身、心、靈各挑一個來練習，練習時間自訂，如果有伴一起練習更好，這樣也是「心：情緒與人際」的鍛鍊。

鍛鍊，就是不要求自己做到完美，只要有練就有差，只要這週比上週進步就是贏。閱讀書稿的時候，我發現自己也是默默的在練習書中的四大方向，過程中的收穫鼓勵了我，接下來可以進一步做到更規律的練習。

身為壓力釋放運動（Tension/Trauma Release Exercise，簡稱 TRE）培訓師，在幫助學員時，見證了沒有規律減壓的殺傷力。我與兩位作者有相同的願景，就是幫助大家養成解壓的習慣，愛惜難得的身體，讓身體強健起來，做回頭腦思緒的主人，在刺激和反應之間，有選擇的自由，讓生活能擁有更多開放同理、和諧共好、清境寧靜。

（本文作者為壓力釋放運動資深引導師、培訓師）

思考一刀兩刃，
是人生的殺手還是推手

王意中

　　我是一個高敏感的人，需要學習保護自己，也必須非常謹慎留意，自己的想法是否很容易受到周遭負面雜訊的影響。

　　高敏感的人在解讀事物時，如果傾向負面，會是非常辛苦的一件事。有時，甚至是人生的災難，讓自己陷入無止境的焦慮、憂鬱、不安、憤怒、嫉妒或沮喪等情緒，以致整個人停擺。

　　每個人一生中，偶爾遭逢天外飛來橫禍，讓人錯愕、難堪、不解，面對那些生命經驗，除了抱怨，你還可能深陷痛苦的泥沼。

儘管我們沒辦法決定別人怎麼說，但可以決定自己要如何思考。

　　事實已擺在眼前，我們如何解讀，卻能換來不同的情緒、不一樣的行動方式，因而改變當下的狀態與未來的人生。

　　對我來說，我會試著從烏煙瘴氣的事情上，找到存在裡面的珍珠。每件看似非常糟糕的事情，當中一定存有對自己有價值、有意義的訊息。

　　每個人都必須學習如何排除、篩選腦海中的雜念，以及混亂自己思緒的雜訊。專注在當下、此時此刻的體驗，感受當下事物的存在。

　　生活中，壓力源無所不在，有時不請自來。你是否也正困在壓力源中，動彈不得？有些人眼睜睜看著眼前壓力源如大山即將崩於眼前，卻束手無策，只能坐以待斃。我相信，對許多人來說並不甘於此。我們是可以改變的，閱讀與學習他人的成功方法就是其中之一。

　　我們如何看待壓力，我們的解讀、思考、認知，也會改變我們看待這個世界的方式。想法的轉變，有時非常的神奇，一念之間，真的會讓你瞬間從地獄躍升，進

入天堂。

　　試著轉變想法，覺察當下情緒，關注當下事物。透過一些行動，你會發現原本看似千斤頂的壓力源，這時如同稻草堆般，可以優雅地輕輕推開。

　　因應壓力與調適的能力，關係到每個人如何紓解情緒，以及解決問題。透過正念練習，將有助我們在面對人生的困境時迎刃而解。

　　這本書幫助我們循序漸進的練習減壓，將壓力一層一層地拆解。

　　思考一刀兩刃，可以成為你人生的殺手，也可能成為人生的推手。關鍵在於，你的一念之間，如何解讀與看待。

　　相信自己，你可以控制你的想法，不受周圍的雜念影響，可以專注在此時此刻的感受。不憂鬱於昨日，不焦慮於未來。我們都期待在生活中，可以為自己帶來最舒適的狀態。請相信自己，這個機會一直都存在。

　　透過閱讀這本書，將是最快速達成的方式。

（本文作者為王意中心理治療所所長、臨床心理師）

翻轉有害身心的思考習慣

藍偉瑩

　　壓力的覺察與因應，從國小三年級就進入正式課程，這反映出壓力這個課題需要及早討論。小學生的拒學或破壞行為，常是壓力下的結果，卻被大人誤解為不喜歡學習或是行為不當。同樣的情形也出現在青少年身上，對此階段的孩子，同儕認同是很重要的，每次為此感到煩惱時，卻被父母或老師勸告，不要浪費時間在這種事情上，要用功讀書才能考上好學校。這樣的「邏輯」延續到我們成年，甚至老年，似乎會被壓力困擾的人，就是一個弱者或失敗者，或是想太多的人，這讓多數的人不願意正視自己的壓力，也不願意跟別人討論。

從青少年，到上班族，再到高齡者，壓力存在各年齡層，無論是人際關係、個人實踐、身體狀況或是社會觀感等面向，都可能產生壓力。由於壓力會造成各種結果，致使專家學者更關注這樣的議題，各大學也因學生自傷情形日趨嚴重，而研議「心理健康假」的實施。

　　壓力大似乎成為現代生活的標配，生活忙碌卻不感到高壓的人，反而成為群體中的異類。為何大家可以接受壓力的存在，不去正視壓力對自己帶來的影響？

　　身邊有不少認真生活與工作的人，常被人羨慕他們人生的精采與成就，但深入了解後，其中不少人有情緒問題，甚至出現身心不健康的情形。害怕無法活出社會期待的模樣，或是無法維持完美的人設，讓這些所謂的成功人士，不停被頭痛、失眠、腸胃問題、免疫力或自律神經失調等情形所困擾。

　　無論是世俗成功或不成功的人，都會有壓力大的時候，一句溫暖的關心或許可以給他們一時的支持，卻無法真正解決問題，我們都需要更有效的方式來幫助自己解除壓力。源於成功學大師柯維核心思維的這本書，正以此為主題，探討七種典型的壓力根源，幫助大家建立

7 種習慣。覺察壓力的來源與本質，掌握回應壓力的方式，改變原有的思考慣性，讓自己不僅能夠更好地面對壓力，甚至讓壓力不會一再出現。作者提出成功解壓的 7 個習慣，絕不只是口號或訴求，書中具體說明壓力來的時候身體的反應，以及這些新習慣的思考邏輯與作用方式，幫助我們更清楚當面對壓力時該做什麼，以及為何這樣做。

正視與接納壓力，了解壓力來自我們自己的感受，才有機會管理壓力，不讓自己成為壓垮自己生活的最後一根稻草。閱讀這本書的過程中，我們可以深入探索內在的自我，運用作者設計的新生活練習，啟動我們內在小革命，翻轉有害身心的思考習慣。一旦我們建立全新的思考、反應或行動模式，就有機會體驗內外一致的平衡，活出真正屬於自己的幸福人生。

（本文作者為瑩光教育協會理事長）

壓力來自現實與理想的距離

丹尼爾・亞曼（Daniel G. Amen）

你是否經常覺得工作與生活中的壓力，壓得你喘不過氣？在學習解壓方法之前，有件事須知道：我們該做的不是想辦法完全避開壓力，而是學習如何有效調節、控制，進而紓解壓力，避免因長期處於高壓之下，影響決斷力，並危害身心健康。

壓力太大，會引發許多身心症狀，日積月累下來是非常危險的。一般人在壓力下常出現的症狀，有頭痛、胃痛、腸道系統出問題；莫名感到憂傷卻不知如何排解、焦慮不安、自我封閉，只想逃避整個世界；失眠、睡眠品質不佳等等。

除了影響決斷力、引發身心症，太多的壓力也會損害人腦。當面臨緊戒狀況時，大腦會透過促腎上腺皮質激素，命令腎上腺分泌皮質醇（俗稱壓力荷爾蒙），並迅速做出「戰鬥或逃跑」的反應。壓力荷爾蒙不僅會引發血壓升高、免疫力下降、肌肉組織與骨質密度降低，還會殺死人腦中負責處理記憶和情緒的海馬迴細胞，以及導致腹部脂肪的囤積。

因此，學習如何解壓，以免壓力荷爾蒙超標，是增進身心健康極為重要的一環。

無論男性或女性，都無法承受太大壓力。尤其是女性，對壓力造成的傷害可能更敏感。比起男性，女性有更為繁忙的大腦，以及更強烈的同理心、直覺，容易操心、想太多，也較壓抑自己。因為這些特點，女性煩惱的事比男性多。

當壓力超標時，該怎麼辦？關於這個問題的解答，本書作者麥克‧區平（Michael Olpin）與山姆‧布拉肯（Sam Bracken）提出了相當精闢的見解，他們提供的 7 個解壓習慣，是我所知最佳的紓壓方法。

以正念覺察為例，這個方法已被證實可有效降低皮

質醇的分泌。我也做過類似研究，證實正念練習不僅能降低皮質醇，還能促使血液流向大腦前側，提高黃體激素的分泌量。

黃體激素相當於人腦的天然鎮定劑，可以鎮定並舒緩大腦，而壓力荷爾蒙則會耗損黃體激素，一旦黃體激素降到太低，就會讓人感到焦慮、緊繃與不安。到最後，你可能會借助酒精、抗焦慮藥物或安眠藥來放鬆情緒，但這些藥物的效果只是一時的，無法解決根本問題，更何況長期服用還會引發其他副作用。

我不主張藥物至上。當然，你還是要徵詢醫生意見，畢竟他最了解你的狀況，而且有些未經確診的腦部損傷，也會產生類似壓力過大的症狀，有些生化疾病也可能造成壓力。

不過，對於日常憂慮與焦慮引發的各種壓力，這本書肯定可以幫助你有效紓緩。假以時日，你或許就不再需要依賴藥物了。此外，在你面對壓力的過程中，這本書也會幫助你認清一件事：你不必借助外力，如暴飲暴食、酗酒、抽菸或濫用藥物，就能讓自己的情緒與感覺好起來。

◖◗ 選擇健康的回應，就能快速恢復好感覺

我認為，這本書之所以優於其他壓力管理書籍，最大的關鍵在於：作者採用「全人」（whole-person）的方法來解壓。重點在於如何全面提升你自己，包括你的身體、情緒、心智與靈性。人生的各個面向都可能是壓力源，都可能產生焦慮，你要學會面對與妥善處理，這本書將幫助你看清自己，理清哪些事物對你最重要，以及你想成為什麼樣的人。

「減輕壓力最好的辦法，就是別再把事情搞砸。」我的心理學家好友羅依・鮑梅斯特（Roy Baumeister）經常把這句話掛在嘴邊，這也是本書著眼的重點之一。當然作者要談的遠比這點深遠，他們將教你如何掌控自己的人生，做出更好的決定，從一開始就預防壓力產生。你也將學到如何及時有效關閉你的「壓力反應」，讓自己快速恢復好感覺。

壓力來自現實與理想的距離，書中我最喜歡的部分，是給自己的使命宣言，就像跟自己訂定契約一樣，這個宣言幫助你想清楚自己是誰、知道自己要什麼。

本書不但提供絕妙先進的技巧，指引你在壓力來襲前就做好準備，更可幫助你避免被壓力擊垮。

　　我為區平博士、布拉肯，以及富蘭克林柯維公司（FranklinCovey）提出的觀點深感佩服。他們講述的故事，鮮活呈現出他們自身與其他許多人飽受壓力折磨時的痛苦，以及如何成功擊退壓力的切身經歷。

　　好好享受這段旅程吧！

　　（本文作者是大腦科學領域頂尖權威之一，也是精神科醫生和教授、亞曼診所創辦人、暢銷書作家，著有《一生都受用的大腦救命手冊》等書）

第一部

擺脫害你一再陷入
高壓的思考模式

01

關鍵 90 秒，解除壓力反應

如果事情出了錯，就別再錯下去。

——企業家羅傑‧巴布森（Roger Babson）

無論身處在世界哪個地方，許多人都感受到了前所未有的壓力。正在閱讀這本書的你，很可能也正飽受壓力之苦。

有不少探討壓力的書，重點都放在如何處理包括頭痛、腸胃不適、煩躁不安、睡眠不足等壓力產生的症狀。我們除了讓你了解最新的對治壓力法，更想幫助你找出壓力源，也就是生活中那些常讓你陷入莫名憂鬱、

焦慮與恐慌的種種成因，這遠比逐一對治各種壓力症狀有效，而且一勞永逸。

誠如作家亨利‧梭羅（Henry David Thoreau）所說的：「與其一千人揮斧砍向邪惡的枝幹，不如一人對著樹根砍下致命一擊。」[1]坊間書籍大都是砍向壓力的枝幹，這本書是直接斬斷壓力源。

● 建立好習慣，與壓力斷捨離

簡單來說，我們要從問題的源頭幫助你「鬆綁」（unwind），解開壓力的束縛，讓你達到真正的放鬆。長久以來，你的一些慣性思維與情緒反應，一再把你推進壓力的漩渦。你沒有意識到，想要掙脫出來，就必須做出改變。

這些有害的思考模式可能是過去幾年，甚至幾十年來，一點一滴建構起來的，早已根深柢固。然而，透過正確的練習，建立新的習慣，你是可以改變的。我們會教你如何有效關閉你的壓力反應，進而達到真正的身心放鬆。

事實上，大部分的壓力都是由內而外，並非由外而內產生的。壓力源自你的內心，不是外在世界。所以，壓力是可控的，而且你有能力控制。根據最新大腦科學的發現，情緒從被觸發到自然結束，只有 30 至 90 秒的時間，但一般人碰上壓力事件往往慌了手腳，並延伸出各種想像，以致周遭的人事物都變成可能恐嚇我們身心的怪獸。

我們對於壓力管理的核心觀點，深受成功學大師史蒂芬‧柯維（Stephen Covey）的影響。柯維教我們如何由內而外的解決問題，而不是等待外界來替我們解除問題。柯維曾說：「當我們覺得問題出在外境，這種想法本身就是個問題。」

不要以為是那些惱人的壓力找上我們，事實上，我們感受到的壓力幾乎全是自己內心製造出來的。

柯維揭露出導致無效率生活的 7 種思考模式，以及改變這些思考模式的方法。而我們根據過去的研究，也發現有 7 個習慣，既可用來管理壓力，也是高效生活的基本原則。

● 以全人觀點改變自己，不讓壞思緒毀壞人生

在開始之前，先來談談我們是誰？為什麼要寫這本書？作者之一的區平博士是壓力管理專家，是猶他州韋伯州立大學（Weber State University）紓壓中心主任，他的工作正是幫助處於高壓下的人找回平靜。區平曾在多所大學任教，也寫過一本關於壓力管理的教科書，廣受各界好評。不管面對病患或學生，區平總是能成功引導他們紓解壓力。

他教導焦慮的大學生學會以「全人」的觀點來改變自己的生活。他透過一整組神奇的機器，幫助他們達到成效，包括足以裹覆全身且按摩四肢關節的椅子、讓人頭下腳上可翻轉的桌子、可躺著運動雙腳的直立式跑步機，這些全擺在有如母親子宮的暗房裡，裡頭散發一股令人放鬆的氛香氣味，並播放讓人平靜心情的音樂。

除了借助這些設備，區平還教人如何以正念生活，掌控自己的人生、活得更有意義。他認為關鍵在於找出優先順序與平衡點，以更有條理的方式工作與生活，在與人往來與溝通時，抱持同理心。簡單來說，就是由內

而外的降服壓力。

他的學生常驚呼：「區平博士改變了我的人生。」透過這本書，區平也將改變你的人生。

另一位作者布拉肯，是成功的企業高階主管，他改造自己人生的過程令人佩服。布拉肯掌管富蘭克林柯維公司全球產品管理與行銷部門，也是一位激勵人心的演說家。但他在成長過程中，其實飽受折磨。

布拉肯出生在失能家庭，一路被霸凌與歧視，還遭家人遺棄，生活在貧困、暴力、酒精與毒品充斥的環境。他很早就學會獨立，照顧自己，少年時期的他，為了徹底逃離惡劣環境，努力苦練成為一名運動員。然而在奮力向上的過程中，年少時的痛苦卻常困擾著他，讓他充滿焦慮，並形成容易思緒緊繃的性格。

他原本極有可能一輩子都活在過去的陰霾中，但後來他找到了改變自身思考的方法，才終於克服焦慮，不再讓這些負面情緒繼續榨乾他的人生。透過這本書，你將會看到布拉肯如何在區平等專家的幫助下，建立新習慣，改變思考方法，進而將慢性壓力逐出人生。

你可能沒有像布拉肯那樣傷痕累累的過去，但大多

數人在大部分時間裡同樣飽受焦慮之苦。你甚至不知道這就是壓力，儘管你常為此頭痛、血壓飆高，甚至有時想大聲尖叫。

如今，壓力帶來的不只是身心不適，因愈來愈多人長期處於壓力下，我們正付出龐大的代價。

●● 疲勞不是單純的累，了解負面情緒來襲的感覺

你自己內心深處最清楚壓力對你造成的影響。你可能因為生產力下降或缺勤而收入變少，甚至無法繼續工作。你很清楚壓力來襲時，可能有的感覺，例如：

- 經常感到憤怒或敵意。
- 無精打采、感到疲勞、反應遲鈍。
- 頭痛、肌肉緊繃、胃痛、潰瘍。
- 失眠、焦躁、憂鬱。
- 體重突然增加或減輕、有飲食障礙。

根據美國心理學會的調查，許多受訪者表示自己有上述這些壓力症狀。

一些研究估算出壓力造成的企業成本與社會成本：

- 30% 至 40% 的員工感到「工作壓力非常大」。[2]

- 比起抽菸或高膽固醇食物，巨大壓力更易引發癌症和心血管疾病。[3]

- 工作轉換原因，有 40% 是因為壓力太大。

- 壓力大的員工所需健保費用，比一般人高出 50%。[4]

- 壓力讓人的思考模式變得膚淺、僵化。[5]

- 在美國，每年因員工生病、缺勤、生產力下降，損失數千億美元；[6] 服用抗憂鬱藥者超過 4,000 萬人，其中 25% 是 50 至 64 歲的女性；[7] 因精神壓力申請保險理賠的金額，每年以兩位數增幅攀升。[8] 以勞工平均時薪 21 美元來算，如果一家企業有 10 位員工因壓力引起的疾病每年每人缺勤 25 天，業主等於支付一整年薪資（約 42,000 美元）給一名沒有產出的員工。

- 在歐洲，有超過一半的工作缺勤，與壓力有關。[9]

- 在日本，精神壓力大的女性，死於中風或心臟疾病的機率，比壓力低的女性多出一倍。[10]

- 在斯堪地那維亞半島，飽受工作壓力之苦的人罹患心臟疾病機率，比其他人高 25%。[11]

美國心理學會研究的受訪者中,感到焦躁或憤怒者占 42%;感到疲勞的占 37%;對工作提不起興趣、缺乏動力或沒勁的占 35%;感到頭痛者占 32%;腸胃不適者占 24%;食慾改變者占 17%;性慾降低者占 11%。[12] 你可能也有這些症狀,以下是真人實例,或許你會感同身受。

　　住在芝加哥的克莉絲汀,在大學擔任行政人員已有十五年,工作資歷與人脈都很豐富。當行政主任職位出缺時,她提出申請,也順利獲得晉升,這讓她非常開心,但麻煩也從此開始。

　　她開始失眠,每天晚上因各種大小事而難以入眠。她沒有時間運動,待辦事項也愈來愈多。她的體重直線上升,因為她沒辦法好好吃頓飯,經常吃速食,方便趕往下個會議。她的生活不再那麼愉悅了。

　　另一位住在東京的鎮雄,身為資訊科技顧問,他目前的處境可說相當複雜,因景氣不佳,許多行業的人光是求溫飽都很難。他說:「無論在哪個地方,都有經濟衰退的問題,每個人的話題都圍繞在經濟。」儘管他為公司贏得一份大合約,但不知為何,情況絲毫沒改善,

鎮雄有時覺得自己很想狂砸東西，發洩一下情緒。實際上，他真的這麼做：他花了 1,000 日圓去一間名為「發洩場」的另類治療診所，他在裡頭盡情尖叫，還對著水泥牆猛砸盤子。

住在斯德哥爾摩的森塔是名護理師，她的工作量常超出負荷。在診所忙碌了一天，回到家還要陪一雙兒女做功課。等孩子睡著了，她還得洗衣、洗碗，做家事。她總是背痛，還有頭痛的老毛病。辛苦工作，卻還是有一堆帳單未付。有一天，所有待辦事項的進度都嚴重落後，她驚覺自己忘了給一名糖尿病患所需的胰島素注射器，急忙衝出去，看到一輛公車正要駛離，她誤以為病患已經上車，於是把胰島素注射器從公車窗口丟進去，誰知道那名病患根本不在公車上。這下她麻煩可大了。

你可能像森塔一樣，被工作壓得喘不過氣，卻又入不敷出、工作進度始終落後，還有突如其來的頭痛折磨；或像克莉絲汀和鎮雄，得到夢寐以求的結果，壓力卻更大。

人在終於獲得長久以來努力追求的成果時，不是應該感到快樂和充滿成就感？為什麼壓力反而更大？

●● 誤把刺激當毒蛇？你不該活得這麼緊繃！

所謂壓力反應（戰鬥或逃跑），是在遭遇可怕事情時才啟動的，特別是身處迫切危險時，可救我們一命。

以區平為例，有一次他在家裡附近的一條山間林道騎自行車。在騎完一段相當長的上坡路段後，他已感到筋疲力竭，但眼前林道依舊是上坡。區平感覺體力快要耗盡，只能勉強繼續。正當他來到一處轉彎時，突然聽見響尾蛇尾巴沙沙作響的聲音，當時他想都沒想，身體立刻爆發出一股巨大能量，飛也似地衝向五十公尺外的山坡。他當時確實累壞了，但在感到生命面臨巨大危險時，那一瞬間爆發的速度和力量，幫助他逃離威脅。

壓力反應顯然對我們十分有用，在危險時刻，幫助我們使出強大力量、專心一意，加快速度以解除危機。

究竟這個機制是如何運作？當響尾蛇（或類似攸關生死的危險）出現在眼前，你腦中名為「下丘腦」的區域會發送信號給腦下垂體。腦下垂體會瞬間發出一種化學信號到全身的血液，腎臟上方的腎上腺在接到信號後，會釋出大量荷爾蒙，產生以下反應：

- 心率、呼吸率、耗氧率大幅上升。

- 新陳代謝加快，血糖上升。

- 腎上腺素和皮質醇立刻注入全身上下每個細胞。

- 感官意識提高，對於身體疼痛的感知能力降低。

- 肌肉更有效收縮，尤其是戰或逃需用到的肌肉。

- 血液更容易凝結，讓你不至於在戰鬥或逃跑中因
  受傷而流血過多。

- 膽固醇增多。

- 免疫系統趨緩。

- 血液多半不再流向你的末梢，而是流向你逃跑或
  戰鬥使用到的肌肉。

- 生殖系統和消化系統不再正常運作。

- 高層次思考關閉。

- 全身汗毛豎起。

你為什麼會有這些生理反應呢？因為你的大腦認為
那條蛇可能危及生命，你的身體使盡渾身解數要讓你活
命。這些變化的綜合效果是要把你變得更強壯、速度更
快，如此一來，你才能更有效的戰鬥或逃走。

當你在森林中以迅雷不及掩耳的速度努力前進時，你甚至可能不會注意到自己的身體讓兩旁的樹枝和灌木給劃傷了。如果是平時在花園裡整理花草時受傷，你一定會注意到，但現在因為壓力反應的關係，你的大腦選擇忽略次要需要。比起被致命的毒蛇咬傷，這一點點割傷和擦傷，根本算不了什麼！

一旦危險解除，身體就會恢復到平衡的狀態，也就是所謂的「體內平衡」（homeostasis）。所以，有短期壓力或「偶發壓力」，算是一件好事，讓身體在遭遇危險時得以自保，並存活下來。實際上，當壓力被定義成一種挑戰（即「良性壓力」）時，會是一種強勁動力。假如你的目標是減肥，你每天多花 10 分鐘在健身房運動（等於你給你的肌肉額外 10 分鐘的「壓力」），你可能會發現這個壓力是你最好的朋友，幫助你瘦身，讓你變得更健康。

有適度壓力是好事，但若是持續很長一段時間，或是你按著壓力鈕不放，就另當別論了。我們的身體並非設計來長時間處於逃離毒蛇狀態的，警戒狀態頂多只能維持幾分鐘。

解壓小技巧

規劃放空時段，或是當你感受到壓力，不妨起身快走 15 分鐘。你的身體想要逃跑，那就逃吧！然後再回來，屆時你的壓力就會降低了。

我們的身體不是設計來承受像前述的克莉絲汀、鎮雄和森塔經歷的那種生活，幾乎一天 24 小時、一週 7 天都有揮之不去的壓力。**一時的壓力很正常，但長期持續的慢性壓力，就不應該了。**

從邏輯上來說，你可能會認為人體演化至今，應該足以承受長期壓力。畢竟，我們的原始祖先就是處於壓力不斷的環境下，長期忍受差勁的食物、糟糕的住處、動物的攻擊。但事實並非如此，上古時代的人，他們的壓力反應並非總是處於開啟狀態。

舉例來說，人類學家研究住在陽光明媚的南加州原住民在與歐洲接觸之前的生活時發現，當時的居民有著健康的飲食習慣，每天只需工作幾個小時，就能滿足所

有物質需求；在其他時間，則是放鬆自己。研究人員也發現，那個時期幾乎沒有人受飢，當中有些人甚至活到 100 多歲，完全不必借助降膽固醇藥或血液稀釋劑來預防心臟病和中風。那個時期的人難免會遇到一些偶發壓力，但很少經歷讓現代人受害最深的慢性壓力。[13]

◐ 感覺不是真相，想法不是事實

圖 1-1 說明人在遭遇威脅（如毒蛇）突然出現時，生理與心理基本的反應：

- 原本處於體內平衡狀態：愜意的騎著登山車，在林道間徜徉。
- 應對危險，爆發一股強大能量：面對眼前突如其來的危險（毒蛇出現，牠的尾巴沙沙作響），所產生的生理反應。
- 30 至 90 秒鐘的逃或戰：以極快速度逃離那條蛇，直到離牠夠遠，逃離威脅。
- 逐漸恢復體內平衡：繼續騎著自行車，但已明顯比原先還要疲憊。

圖 1-1 壓力反應模式

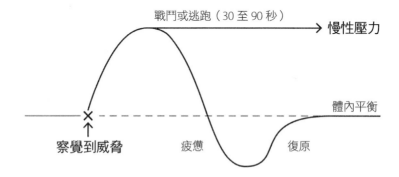

▲ 在刺激與回應之間，存在一個
　30 至 90 秒的關鍵空隙。

當你行駛在快速道路上，一輛車子突然變換車道朝你迎面而來，或者當你看見一個小孩掉進游泳池、一條毒蛇撲向你時，你的身體便會啟動壓力反應，這些短期或偶發的壓力並不會對你的身心造成傷害，讓你變得鬱鬱寡歡。[14] 但如果你長時間處於壓力下，日復一日活在壓力之中，彷彿你時時得忙著躲避迎面而來的衝撞，或是成天忙著逃離毒蛇，那麼你的身體和大腦都會出現很大的問題。事實上，你可能正在慢性謀殺自己。

豐田汽車公司曾有位頂尖的工程師猝死，年僅 45 歲，經日本厚生勞動省裁定是過勞死。由於類似個案愈來愈多，日本政府因此下令企業支付賠償金給這些員工的遺眷。[15]

在日本文化裡，大家普遍認為，工時長是應該的，在公司的位階愈高，奉獻給工作的時間愈長。對許多人來說，一週工作時數是 90 小時。許多過勞死的員工先前看似沒有生病的前兆，但事實上，他們的身體早已被皮質醇與壓力反應傷害多年，最後，身體只好罷工。[16]

過勞與壓力過大的文化並不限於日本。我們大多數人得面對要求苛刻的企業文化，也有許多人是對自己的

要求過於苛刻。

不管如何，如果你的壓力開關始終大開，你的問題就大了。透過這本書，你可以學習覺察在刺激與回應之間存在關鍵空隙，發現這些感覺只是心智的假象，而且你能控制自己與這些感覺的關係，切斷壓力源。

● 新生活練習

在這本書裡，我們提供許多實作的小練習，幫助你看清工作與生活中的種種壓力，並協助你找出你的壓力源。大多數的評估，需要你以某種形式記錄下來，方便你追蹤對不同問題的回答，或是你對於各種評估的反應。所以，請準備一本筆記本，或在電腦開啟一份文件檔或記事 App，或是任何先進的科技工具來記錄這些評估結果。

以下評估讓你用多種不同角度檢視自身的壓力水平，讓你對自己的壓力現況有清楚的了解。

首先，坐著或放鬆一段時間後，測量你的脈搏。記錄你的脈搏一分鐘跳動幾下，這就是你的靜態心率。

接著，記錄你的呼吸速率。請你坐在椅子上，背部打直貼著椅背。將一隻手放在肚子上，手掌覆蓋住肚臍，再將另一隻手放在你的胸前。當你挺直坐正時，專注覺察自己的呼吸，感受空氣自然的吸進與呼出。在做完幾組自然呼吸後，感覺看看哪隻手移動的次數較多，是腹部、胸部，還是兩者差不多，將答案記錄下來。

繼續坐著，再次正常自然呼吸。這一回，數數看一分鐘內你有幾次自然輕鬆的呼吸，這就是你的呼吸速率。一吸、一吐算一次呼吸，請記下你的呼吸速率。

誠如之前提到的，壓力反應是設計來讓身體在瞬間變得非常快速、強大。當放鬆回到體內的平衡狀態時，我們吸氣主要吸進肺部下半部，而當我們這麼做時，橫膈膜會下移，腹部會向外凸出。當處於壓力反應時，我們會運用到更多的上半身肌肉，導致我們的呼吸變快，能更迅速吸入更多氧氣到肺部。一般來說，有慢性壓力問題的人往往呼吸比較快，也比較淺，而大多數時候處於放鬆狀態的人，往往呼吸更深層、更緩慢。

平均的呼吸速率為每分鐘 12 到 16 次。呼吸速率較快的人，代表他的壓力可能已經超出正常水平；至於非

常放鬆的健康人，每分鐘的呼吸速率可能低到只有 4 到 10 次。

同樣的，壓力大的人靜態心率往往比放鬆的人還要高。心臟跳動更快，是為了輸送更多氧氣與充滿營養的血液到肌肉，以創造出瞬間爆發的能量。放鬆的人，每分鐘靜態心率約在 55 到 70 之間；而壓力大的人靜態心率通常高於 70。一般而言，心臟速率愈高，壓力反應愈活躍。

回顧你上個月的生活，依壓力的強度從 0 到 10 給予評分，0 代表完全沒有壓力（生活幸福、祥和、快樂、平靜與順利），10 代表極高的壓力、高度的焦慮、嚴重的憂鬱，甚至有自殺念頭。雖說一個月 30 天每天狀況可能不同（畢竟我們有些人的情緒就像雲霄飛車一樣忽上忽下），你還是可以給自己一個大概的分數。

然後，記錄因壓力產生的症狀。正如前面說的，慢性壓力會對你的健康造成嚴重後果；若能全面檢視你現正經歷的壓力症狀，對你會有幫助。

針對以下症狀，寫下你多久經歷一次：「從來沒有過」到「幾乎每天都有」。如果以下這些症狀頻繁發

生，就代表你啟動壓力反應的次數高出應有的頻率。

- 頭痛。
- 疲勞。
- 焦慮或擔憂。
- 難以入睡。
- 其他睡眠障礙。
- 煩躁。
- 容易憤怒或有敵意。
- 常常感到無趣。
- 吃太多或吃太少。
- 腹瀉、脹氣、抽筋或便祕。
- 憂鬱。

如果你鮮少或從未經歷這些症狀，表示你的壓力反應可能沒有長期啟動的問題。本書將幫助你保持下去。

這份評估也可能指出，雖然你正處於慢性壓力，但你並不認為自己的症狀跟壓力有關；也或許你早已接受這些症狀是生活的一部分，你無力做出太大的改善。

好消息是，在你學會本書提出的解壓原則和技巧之

後，這些伴隨慢性壓力而來的症狀，就會慢慢消失。雖然緩慢，但絕對會消失！

以區平輔導的個案湯姆和潔西卡這對夫妻為例，他們好不容易有資格申請房屋貸款，新家位於治安良好的區域，也是很好的學區。不過，他們的積蓄都拿來買房子，現在只能每天縮衣節食，收支剛好打平，他們手邊沒有多餘的錢可供調度。他們說自己成了房奴，就這樣順利撐過了半年，他們把節衣縮食看作是個良性挑戰，也樂於接受。

然而，後來發生兩件事，把他們推向痛苦深淵，每次只要有新的帳單，情況更是雪上加霜。第一個壓力源：他們的兒子經診斷罹患早發性糖尿病；第二個壓力源：湯姆的公司受經濟低迷波及，所有員工每週都被迫休一天無薪假。這兩個壓力日復一日折磨他們，他們帶兒子去看醫生、注射胰島素、準備特殊飲食，再加上薪資縮減，他們漸漸入不敷出。

有一段時間，他們所有開支都靠信用卡支付，但後來所有的卡都刷爆了。湯姆開始找晚上兼職的工作，但一直沒找到。滿腦子擔憂，使得他們晚上常失眠，他們

感到沮喪，對於努力打拚卻什麼事也解決不了，有很深的無力感。他們漸漸發現，總是在指責對方：潔西卡脾氣火爆，湯姆也以同樣方式回應。他們的健康也亮紅燈，變得經常感冒，這更加重他們的壓力。他們從原本可接受這個挑戰，陷入了難以忍受的痛苦窘境。

湯姆和潔西卡的壓力荷爾蒙不斷分泌，並在血液裡流竄，最後他們的身體無法自動恢復平衡，就像是感覺從早到晚、一天 24 小時都在逃離毒蛇，而且好幾個月下來，天天如此。在這種慢性壓力下，他們的身體每況愈下。

◗◖ 壓力賀爾蒙過高，會讓腦凍結、脂肪堆積

長期處於壓力下，身體會產生過量的皮質醇，更精確的名稱是氫羥腎上腺皮質素（hydrocortison）。皮質醇是人體不可或缺的荷爾蒙，但必須適量分泌，一旦皮質醇不斷大量流竄，免疫系統就會降低，使你更容易受到感染，還會減緩你骨頭細胞的生長速度，長期下來，可能會導致骨質疏鬆症。此外，過量的皮質醇會消耗你

細胞內的鉀，使你的腸胃更難吸收鈣質，還會干擾生殖功能，像是月經週期，以及雌激素與睪丸素的生成，會變得不正常，也會讓你身上的水份排不出去，並儲存多餘的脂肪。

此外，過量的皮質醇會傷害大腦。我們只要處於壓力以及皮質醇分泌過量下 30 分鐘，供給大腦記憶儲存中心「海馬迴」的能量就會下降 25％。到最後，海馬迴的神經元會開始死亡。換言之，長期處於高壓下，記憶力和注意力都會受損。你的思考能力不再像以前那麼好，想法會變得愈來愈膚淺，也愈來愈不理性。[17]

我們都很清楚「腦凍結症候群」是怎麼回事：在壓力下，腦中一片空白，記不清別人的名字、語無倫次。研究指出，這種「內心關機」，是我們身處高度壓力時相當常見的一種反應，就像把我們推向全國電視直播的選美舞台一樣，在這種情況下，大腦會關閉那些負責創意和抽象思維的區域，這是它感知到人身威脅後的自然反應。即便這個威脅根本無關人身安全。[18]

腎上腺素也是人體應付危急狀況的重要荷爾蒙。當區平聽到響尾蛇聲響時，他那踩踏自行車的雙腿瞬間被

注入能量，讓他如射出的子彈般向前衝。這就是腎上腺素在作用，觸發戰鬥或逃跑反應的強大扳機。

然而，源源不絕的腎上腺素會危害到你的心臟和血管。這種荷爾蒙會導致動脈內的脂肪堆積，若不去管它，日後可能會演變成動脈硬化症，即心臟病與糖尿病的前兆。

慢性壓力還會妨礙人體自然療癒的功能，逐漸摧毀我們的身體。這正是湯姆和潔西卡遭遇的情形，壓力真的讓他們生病了。

這些狀況也發生在你身上嗎？如果是的話，仔細聆聽你的身體。你的身體往往會在你意識到壓力之前，就先感受到它。因為你的身體知道自己正處於危險之中。

以下是本書提供的第一個自我鍛鍊。如同健身一樣，這些鍛鍊幫助你強化內心的活動，好讓你對抗壓力的各種有害影響。我們建議你多鍛鍊自己的心智，就跟你固定健身一樣。當你這樣做，你會發現你的壓力明顯下降。這些訓練能夠讓你將剛閱讀到的原則付諸實踐。你也可以在筆記本、電腦、手機或其他科技工具上寫下你的觀察與省思。

在你繼續往下閱讀前，不妨先試著自我鍛鍊一下。

自我鍛鍊　除了戰鬥、逃跑，還有第三選擇

這項鍛鍊的目的，幫助你認清在哪些情況下應該啟動戰鬥或逃跑反應？哪些情況下不必啟動壓力反應？

以下列表是戰鬥或逃跑反應下瞬間的生理反應。你可以思考一下，各種反應為何能幫助一個人在遭遇生死關頭時存活下來。每個項目旁寫出至少一個原因，說明為何人體會以這種方式回應一個高度壓力的事件？為什麼這些反應可以讓人體瞬間變得更強大、速度更快？

- 心跳速率提高。
- 呼吸頻率變快。
- 大部分負責戰鬥和逃跑用的肌肉變得緊繃。
- 對疼痛的忍受度提高。
- 血糖升高。
- 免疫功能降低。
- 消化變慢。

當你發現自己身處危險境況，壓力反應顯然變成你最好的朋友。戰鬥或逃跑反應啟動後產生的瞬間速度與爆發力，可能會救你一命。回想你自己或在認識的人當中，是否曾經發生過除了逃命，別無他法的情況？當時你的身體反應，是不是跟上述列出、在瞬間啟動壓力反應後的狀況十分相似？

再想想以下各種人們普遍認為壓力大的情況。問你自己，這些事件是否有啟動壓力反應才能讓你存活下來的正當理由：

- 考試。
- 與人吵架。
- 上課遲到。
- 遇到搶匪。
- 發表演說。
- 健行時失足滑下山坡。
- 邀約別人時遭到拒絕。
- 業績很糟。
- 一場重要球賽的賽前準備。

你要如何解釋自己在沒有危及生命的情況下，仍舊感到巨大壓力？在這些情況下，可以如何提醒自己去權衡這些壓力事件的輕重緩急，並把你的壓力反應保留給真正的危險？

02

真正的自由，
是你知道自己可以決定

解壓最強大的武器，就是我們能夠選擇不同的想法。
——美國哲學家與心理學家詹姆斯（William James）

　　我們已經知道，慢性壓力會造成傷害，甚至致命。但能怎麼辦？人生充滿許多煎熬的時刻，更何況在如此動盪不安的時代，無論是金錢、工作、家庭，還是整體經濟環境，都讓人感受到前所未有的龐大壓力。

　　你甚至會遭遇一些更難熬的打擊，例如離婚、至親過世、嚴重意外，這些事件必然會讓你陷入巨大壓力。你可能覺得這就是你的命運，多數時候，只能任由災難

危害你的人生。真的是這樣嗎？

實際上沒你想得那麼快。我們來看看精神醫學專家彼得・約翰斯頓（Peter Johnston）分享的一則故事。[1]

約翰斯頓任職芝加哥大學學生心理健康中心，三十年來身兼教授與心理諮商師，幫助過許多有焦慮傾向的學生。有一天，一位已持續接受輔導數月的學生打電話給他說：「今天無法來接受諮商，因為父親剛過世。」他心想這孩子身上的壓力已經夠重了，怎麼可能承受得了這個打擊？然而，這名學生接下來說的話著實讓他大吃一驚：「葬禮結束後，我馬上就有一場重要的考試，等考完試，我會再跟您聯絡。」

他擔心的勸說：「可是，你需要時間哀悼；你必須給自己時間好好處理父親死亡帶給你的心理衝擊。我建議你先將考試延期，等處理好內心哀慟後再去考試。」但那名學生說：「我是需要時間去哀傷，但不是現在。我得先通過一場重要的考試，那關係到我未來的職業生涯。所以我必須全神貫注準備考試，然後再來處理我的悲傷。」

至親離世，對大多數人而言，都是極大壓力，但這

個學生並未讓這件事癱瘓自己，也沒有任由壓力指數直衝雲霄，他控制住自己的情緒，選擇掌控自己的人生，而不是任由人生際遇掌控他。他證實了：壓力並非無法避免，而是一種選擇。

◖● 影響成功學大師柯維的核心思維

這正是本書要揭開的重大祕密：在壓力源（泛指任何一種足以引發壓力的刺激）與你對壓力的回應之間，存在一個關鍵空隙；這個神聖、美妙且威力十足的空檔，足以讓你選擇如何回應這個刺激。在這段空隙裡，存在著你自由選擇的意志，以及你個人的掌控能力。

柯維在大學教書時，發現了這個祕密，據他描述：

有一天，我在大學圖書館裡，不經意地發現了一本書，頓時引起了我的興趣。當我翻閱它時，我的目光深受一段文字吸引，那段文字大大影響了我後來的人生。

我一遍又一遍閱讀那段文字；基本上，它說

的就是一個簡單的概念，指出在每個刺激與回應之間，存在一個空隙，而我們成長與幸福的關鍵，就在於如何善用這個關鍵空隙。

我很難形容這個概念對我心靈造成的巨大影響，那段寫著「刺激與回應之間存在一個空隙」的概念鮮活的觸動著我，以一種幾乎令人難以置信的力量席捲而來。這就像一個內在革命，「一種勢不可擋的思想」。

我一再反覆思索那段話，於是它開始對我人生的思考模式產生巨大影響。彷彿我已經變成一名旁觀者，從旁觀察我自己。我開始站在這個空隙裡面，看著外頭的刺激。我陶醉於內在的自由感受，進而選擇我想要的回應。[2]

不管面對任何刺激，我們都有權選擇如何回應。

第二次世界大戰期間，傑出的精神病學家維克多·弗蘭克（Viktor Frankl）遭囚禁在集中營裡。那是一段絕望又殘酷的日子，然而，據弗蘭克回憶，大多數的囚犯都用善行回應暴行。

圖 2-1　在刺激與回應之間存在關鍵空隙

▲ 成長與幸福的關鍵，
　就在於如何善用這個空隙。

曾待過集中營的人，一定都還記得當時他們會走到彼此的小屋內相互安慰，並讓出自己的最後一塊麵包給別人。你可能以為這種人少之又少，但他們的作為已足以證明一個人可以被剝奪一切，唯獨有一樣東西是無法剝奪的，那也是身為人的最後一項自由：無論處於怎樣的環境，我們都有權選擇自己面對的態度，以及要走的路。[3]

假設有人迎面走來，朝你臉上揮了一拳。你的身體會立即啟動自我保護的機制，準備揮拳回擊。然而，你可以告訴你自己冷靜下來。在你被揍與本能反應想要回擊之間存在幾秒鐘的空隙，這個空隙可以為你的人生帶來意料之外的驚奇。在這段空隙裡，你可以選擇轉身離開，迅速結束這場紛爭（當其中一人走開，這場爭鬥就不會開始）。當然，你也可以選擇啟動你的報復回應。但不妨想想，哪一種方法比較有可能讓你保全整副牙齒，全身而退？

最近在我們的社區裡，一個十七歲的足球選手在比賽中被判黃旗警告。這名男孩瞧了黃旗一眼，立刻揮拳

痛擊裁判的頭部。這名體型壯碩的中年裁判，一下子被擊倒在地，雖然當時看來似乎沒事，然而，當天晚上就失去意識，他的大腦腫脹出血，幾天後過世了，那名年輕人被判刑入獄。裁判一家人失去了父親，而足球員的家庭也因此毀了。在那幾秒鐘的心理空隙所做的選擇，可能造成遺憾終生的結果。

某間英國監獄裡，有名囚犯受到獄友的虐待，經過長時間不斷的挑釁，這名受虐犯人決定報復。一天，他躲在監獄放風場上隱蔽處守候，打算在這個警衛不易看見的地方突襲虐待他的人。果然，他如願將對方摔倒，並拿出先前暗藏的打火機與汽油，他朝那人臉上澆下汽油，並點燃了打火機。然而，就在他打算引燃對方身上的汽油時，在那一剎那，他的腦中浮現出另一個畫面：女兒生日蛋糕上的燭光。他突然意識到，假如他現在採取以暴制暴的方式，將永遠走不出監獄，再也見不到他的女兒。

在這段空隙的覺察，他的思緒起了極大變化，他關上打火機，轉身走開。

幾年後，在他小女兒的生日派對上，出席的不光是

小女兒的母親，還有他。他在那個關鍵空隙裡所做的選擇，改變了他的人生。

你可以在這個關鍵空隙裡，做出不同的選擇，關閉本能衝動下的壓力反應，改以理性的行為回應。以下是一些可能的例子，以及做完之後你會有的感覺，我們把它稱為提升想法的過程。在關鍵空隙裡，你可以這樣提升自己：

- 以感激取代抱怨，你會感到喜悅、寧靜、滿足。
- 以接納、體諒取代抗拒，你會感到解脫、放鬆。
- 以探索取代恐懼，你會感到興趣盎然、充滿可能性，更能盡情發揮。
- 以觀察取代批判，你會感到沉靜。
- 把問題當挑戰而非威脅，你會感到興奮、熱切、動力十足。
- 盡力而為，而非強求，你會放下執著。
- 以寬恕取代憤怒，你會感到平和。
- 接納自我而非自卑，你會感到平靜、放鬆。
- 以同理心取代以自我為中心，你會感同身受。

自我鍛鍊 **如何把握刺激與回應之間的空隙？**

這個練習是幫助你掌控刺激與回應之間的空隙。設想某個不愉快的情景，你發現自己情緒變得低落、生氣、沮喪，壓力很大。試著將下列的正面想法帶進刺激與回應之間的空隙裡。這些想法有助於趕走壓力。

- 感恩（我很感激；我非常感謝）。
- 體諒或接納（我可以接受；我可以順其自然）。
- 探索（我想知道，若是那樣會發生什麼；我可以從中學到什麼）。
- 觀察（我注意到）。
- 接受挑戰（這可能會很有趣的）。
- 盡力而為（儘管希望事情朝此發展，但我知道自己無法掌控所有事）。
- 寬恕（心寬才會自在）。
- 接納自我（我很高興在處理這件事的過程中，能夠做自己）。
- 同理心（我想知道對方怎麼看這件事）。

這麼做，結果將會截然不同。我們可以選擇是否要把某件事或某個人，當作壓力來源，這也正是這本書一再強調的重點。我們可以決定不要有壓力，誠如前面故事中那名學生做的：他選擇推遲對父親的哀悼，先全心應付考試。

然而，大多數人都未善用這個空隙；他們不控制自己的壓力反應，儘管他們有能力做到。

根據調查，大多數的美國人（約占全美人口的83％到91％）在職場上飽受壓力。[4]

在英國、中國、德國和巴西，壓力指數也在飆高；英國至少有三分之一的勞工正經歷高得離譜的壓力。[5]

實際上，許多人正在讓壓力殘害自己。美國疾病控制與預防中心的一份報告指出，現今美國人死於自殺者比因車禍身亡的人還要多，從二十一世紀初至今，全美自殺率增加了28％。[6] 2008年金融危機以來，歐洲部分地區的自殺率甚至提高將近一倍，而且多半是年齡介於35至64歲之間，這些人原本應該享受成年生活，擁有美滿家庭、成功事業與身體健康，卻被高壓力這個比三高更致命的第四高給壓垮。[7]

解壓小技巧

當感受到刺激時,深呼吸,不要依本能反應採取行動。問自己「應該」做什麼,而不是「想要」做什麼。

想像你打算做的事會造成什麼影響?帶來什麼後果?然後遵循一條黃金法則:尊重他人,在你不確定之前,先假設對方沒有惡意,每個人都難免有低潮,試著寬恕對方。

自我鍛鍊 **如何觀測身體發出的警訊?**

這項鍛鍊的目的,是讓你意識到自己的身體正在向你發送壓力相關的訊號。

想想你自己或認識的人目前出現的健康問題,例如頭痛、失眠、憂鬱症或潰瘍等,這些病症有可能是因為壓力造成的。基於你目前對壓力的了解,想想看為何慢性壓力是造成這些問題的主要原因?

我們的身體會發出訊號,告訴我們正處於平衡,還

是失衡。這些訊號會告訴我們，我們做的事是對自己有益或不利，當我們做完健身運動、吃下一盤養生沙拉，或是幫助別人解決問題之後，身心自然會有一種良好的感覺，但當我們選擇了不健康的行為，也會接收到來自身體的訊號，就像酒喝太多會有宿醉感、暴飲暴食後腸胃會不適，或跟人大吵一架後會有負面情緒。

感受一下，此時你的身體正在告訴你什麼？又是如何呈現你長期以來對待它的方式？你感覺棒極了、非常平衡嗎？還是你有些難受，這些症狀正在告訴你有些地方不太對勁，而且壓力可能就是罪魁禍首？

接下來，刻意去做一件健康的事。例如，跟你喜愛的人一起愉快的散步；吃一頓營養均衡的餐點；從事一件你非常喜歡的活動，不刻意達到什麼目的，只是全然投入享受整個過程；幫助某個需要幫助的人，但不必讓別人知道。

用心觀察你的身體，在你從事的活動當下與做完之後的感受。你的身體給了你什麼訊號，讓你知道這是一項有益的活動？記下你的觀察，做為你日後重複這個練習時的參考。

● 讓自己感覺更好，而非更糟

你多久聆聽一次身體給你的回饋？上一次你感到棒極了是什麼時候？上一次你的身心感到全然專注、平衡、和諧、完整，是多久以前的事？你要如何聆聽身體發出的訊號，有智慧的做出選擇，讓自己感覺更好，而非更糟？

當面對真正的危險（例如健行時遇上毒蛇或疾駛而來的汽車），我們身體的壓力反應幾乎會立刻啟動。但事實上，我們很少會碰上這樣的危險。那我們為何會對生活中威脅性遠低於上述危險的壓力源，自動產生如此反應，而且往往搞得一團糟？到底是什麼因素讓我們選擇在明顯毫無生命危險的情況下，依舊感到巨大壓力？

區平跟學生們解釋完壓力反應的生理變化之後，總會問他們：「**回想過去一個月的生活，讓你們真的感到生命受到威脅的時間有多長？**」通常會有三、四個學生說，他們碰上某件真的危及生命的事，像是出車禍或是深潛時氧氣用完等。然而，這些意外實際持續的時間通常只有幾秒鐘。相較於他們的人生長度，曝露在真實危

險的時間可說微乎其微。

接著，他會問學生感受到壓力的時間占比又有多長？他們的回答則從 30％到 90％不等。每當討論到尾聲，他總會問最後一個問題：「**如果你們從未或很少處於生命受威脅的狀態，為何會如此頻繁又真切的感受到壓力？**」

壓力反應啟動的唯一原因，是為了幫助我們逃離某個危及生命的情況。既然我們很少遭遇這種情況，應該不需要常常啟動它，但我們的真實反應卻正好相反，我們的應急系統是如此強烈且一旦啟動就很難停止運作。

身體會不自主的啟動壓力反應，是因為我們把某個情況解讀成潛在危及生命的痛苦或威脅，在這種不正確的解讀下，我們的身體會針對假緊報作準備。一旦遇上任何一種可能引發痛苦的事件，不管是情感面、社會面或身體方面的威脅，身體就會照它知道的唯一方法，幫助我們存活下來。

布拉肯年少時，經常遭受精神折磨，幾乎生活裡每件事都讓他痛苦不堪。他的母親因被人強暴生下了他。他從小就過著飢貧交迫的日子，多次進出孤兒院。當他

的生母接他回家之後，事情變得更糟。他的繼父是個酒鬼、賭徒，常對他暴力相向。他異父異母的哥哥也會虐待他，還鼓勵他吸毒，只為了想看他會發生什麼事。在學校裡，他也是個失敗者。十五歲那一年，他的母親拋下了他。他在十幾歲的時候，為了抵抗這些生命中不能承受的壓力，常吸食毒品和酗酒。

然而，現在的布拉肯是一位慈祥的父親和丈夫、事業有成的企業家、公眾演講者，以及獲獎的作家。

我們當中鮮少有人會遭受像布拉肯經歷的那些壓力折磨。他是如何解開那緊緊纏繞的焦慮與沮喪心結，成為今日這個踏實又成功的人呢？

他自己是這麼回答的：

> 我很幸運。當然我可以終其一生以一個受害者活著，用更大的威脅和暴力去面對眼前的威脅和暴力。我也可能早就已經死了、瘋了或者進了監獄。但我學到了關鍵的一課，那就是刺激和回應之間，存在一個空隙。在這個空隙裡，我擁有全然的自由，我可以選擇自己要走的路。

布拉肯首先鍛鍊自己成為一名大學足球運動員，後來從一流商學院取得 MBA 學位。他曾任多家大公司的高階主管，後來在富蘭克林柯維公司擔任要職，他深愛妻子和子女，孩子們也都有傑出的學術或運動表現。

　　人生不是只有戰鬥或逃跑，我們可以學習以其他方式來回應。但該怎麼做？關鍵就在後面章節要探討的七個解壓好習慣。

03

關於人生的四個真相

幾乎所有人生的重大改變，

在一開始，看起來都像是個壞消息。

——解壓專家區平（Michael Olpin）

隨時提醒自己，全然活在當下。人生中的每一刻，都有其樂趣與美妙之處足以激勵你，每一刻都有真理可以教導你，專注當下，正是人生的基本原則。

所謂正念，指的是回歸當下，全然專注在眼前發生的事情，把你的心思完全聚焦在這一刻。一旦有了正念，你就能覺察在刺激與回應之間的關鍵空隙，知道自

己有權選擇想要如何體驗與解讀當下。

但專注當下，其實是一大挑戰，畢竟許多人都沒有受過這樣的訓練。但你知道嗎？在我們小的時候，專注當下是再自然不過的事了。年幼的孩童總是擁抱每個當下，只關注此時此地發生的事；他們心中不會惦記著明天，也不會念念不忘昨天才被媽媽罵。

● 負面感覺只是幻覺？

隨著年紀漸長，雜念更多，我們不再那麼容易專注當下，各種壓力幾乎隨時都可以湧上心頭。盤踞我們心中的是：如何在下週截止期限前完成工作？昨晚又為了什麼跟誰鬧得不愉快？雜念太多，同時朝一個以上的方向思考，很可能會引發壓力反應，因為我們的神經系統無法區別事件是發生在過去、未來，還是現在。

在意識到威脅時，我們的神經系統會瞬間活躍，替我們做好準備迎向危險。正如前面說的，當我們身處危險或極大考驗時，這確實是不可或缺的反應，但對於像是昨天跟誰爭吵，或是下週截止期限快到了，這些並非

生命交關的事件，引發壓力反應就太不明智了。

　　我們有沒有可能回歸孩童般的思考模式，不讓對於未來的焦慮或對過去的憂鬱念頭一直盤踞我們的思緒？正念可能就是解決之道。

　　關於身心靈的四個真相，有助你進入正念。

　　首先，你一次只能夠專注一件事，你也許同時注意到很多事，但你只能用心關注一件事。以開車為例，當你把注意力放在手機上，你就無法專心開車；你不可能同時專注在兩件事情（當然，你可以很快瞄一眼手機再回到方向盤上，但你無法在同一時間做好兩件事）。

　　其次，你有選擇的自由，可以選擇任何自己想要思考的事，而對於任何事，也都可以保持開明清淨，不拘泥於某個特定看法。

　　第三，你能夠直接體驗到的只有此時此刻，只有眼前與當下。你可以想到未來和過去的事件，但你無法在此時此刻直接體驗昨天的晚餐，也無法直接體驗明天的會議。因此，我們可以這麼說：當下經驗才是唯一真實的現實；其他的一切都是過去或未來，不再真實或尚未成真。

第四，如先前討論的，除了非常罕見的情況（機率少於 0.01%），當下這一刻往往是沒有壓力的。我們生活在一個不會經常直接經歷生死交關威脅的世界，此時此刻，我們通常處於一個安全的地方。

那我們為何還會感到壓力呢？當我們把心思放在未來或是過去，並把威脅的念頭摻雜進那些過去事件或對未來的想法時，我們就啟動了壓力反應。比如說，一想到未來某個事件，以及可能伴隨的痛苦情境，我們的內心就擔憂不已。同樣的，當回頭想起過去某個令人痛苦的事件，我們的內心就充滿悔恨。

一旦學會正念，我們的想法會不同。我們會把心力直接聚焦在此時此刻的經驗（一次只專注在一件事情），我們會觀察此時此刻接收到的內心訊息。我們完全專注在這一刻，只看眼前，只看現在。問問自己：

- 此時我看到了什麼？
- 此時我聽到了什麼？
- 此時我感覺到什麼？
- 此時我嘗到了什麼？

- 此時我有什麼想法？
- 此時我真正經歷的什麼？

◑ 感到安全，就能放下

正念深具威力，原因在於：在這麼做的同時，我們會把對未來或過去的威脅想法拋諸腦後，感受到此時此地是非常安全的。當我們感受到安全，壓力反應就會自動關閉。

提倡正念修習的一行禪師，曾對壓力下的思考模式提出質疑，他認為壓力可能只是幻覺。他以洗碗為例，我們常把洗碗當成是一種不太愉悅的差事，但他認為這只是我們的思考模式使然。

我們可以換個方式去看待這件事：「我喜歡花時間清洗每個碗盤，全然覺察手中的碗盤、水流，以及我手部的每個動作。我知道，假如我為了可以快點去吃甜點，急著把碗洗完，那麼這段時間將會過得很不愉快。如果我無法享受當下洗碗的過程，也可能同樣無法享受

甜點。因為當我手裡拿著叉子，心中可能又想著接下來要做的事，這樣一來，我就感受不到甜點的質感與味道，還有享用時的樂趣。我會一再被拖進過去與未來，永遠無法活在當下。」[1]

不能活在當下，是個遺憾，因為人生的每一分、每一秒都是奇蹟。當單純觀察眼前呈現的狀態，完全把心思放在此時此刻看到或所做的事情上，我們的心思就不再與未來或過去的思想競賽；我們只會享受沉浸在當下時刻。

● 成功的人如何管理每日壓力

許多知名企業開始在內部開辦正念禪修等解壓課程。蘋果創辦人賈伯斯算是矽谷最早學習禪修的執行長之一，他 26 歲就成為「改變美國企業的人」，他的一生有如雲霄飛車般驚險刺激，他就是以靜坐練習，幫助自己面對每日壓力。谷歌為了幫助員工紓解壓力，讓他們保持專注力與創造力，也在內部開辦正念課程，而且成效相當好。

區平年輕時在一次偶然的機會裡，接觸到正念的概念，很快就被它的威力給震懾住，從此徹底改變了他的人生觀。

當時他是個大學生，有一場重要的考試將左右他的未來。他成天像個瘋子般苦讀，也自認已讀到滾瓜爛熟。考試當天，他跟大約三百人同在一間考場應試。考題很難，但他有信心可以考好。

只是事與願違，當他看到成績，發現自己只拿到D，一時間憤怒、驚恐與痛苦的情緒全湧上心頭。他非常沮喪，心想：這個教授怎麼如此惡毒？這是他的主修科目，考這麼差該怎麼辦？他深感絕望，認定自己的問題大了。

當他拖著沉重壓力走向停靠路旁的車子，他不經意的抬起頭來，看到遠處的太陽即將落下，漫天金黃色晚霞映照湖面，當時正值十月下旬，樹木已轉成秋天的面貌，換上亮麗的色彩。那天下午，大自然送給他一個十分真實的奇觀。

就在那一刻，他停止負面思考，不再自怨自艾。他可以繼續任由自己滿腦子想著那場已成過去的考試，一

心擔憂未來前途茫茫，但他也意識到自己可以停下來觀賞樹木、山巒、湖水、夕陽的絕妙風光，望著這片無與倫比的美景在他眼前展開。他選擇細細品味那個當下。

在回家路上，他感到一股難以置信的寧靜。他變得不一樣了。那一刻喜悅取代了憤怒與恐懼，壓力頓時間消失。他開始覺得事情會好轉的，事後也證明是這樣。其實，人生向來如此。

◉◉ 關掉你的焦慮製造機

我們該如何學會更加專注在當下這一刻？

首先，停下來。關掉你內心喋喋不休的想法，不再念著過去，或想著還未發生的事。按下暫停鍵，關掉你內心那個一再重播同一組壓力事件的螢幕。

接著，環顧四周。把注意力放在眼前、此時此刻發生的事。不去分析、解讀、評斷或急於弄清楚，只是停下來，看著它。把你所有的感官調整到足以捕捉周遭的一切，沉浸在當下，就能達到寧靜。

日常生活中，有許多機會可以練習這個簡單的動

作。例如，你上一次真心享受淋浴是什麼時候？在淋浴時，你的心思放在哪裡？你是否專心享受水流沖擊身體時做迷你按摩的過程？你有沒有感受到潔淨？

你是否很難入睡？總是滿懷壓力想著當天發生的事，或擔憂明天即將發生的事？停下來。專注你內在感知的一切：溫暖的毛毯、安靜的黑暗、緩慢的呼吸、放鬆的身體。要不了多久，你就會入睡了。

你吃飯的時候，有注意到你吃進什麼嗎？許多人邊吃東西邊看書或看電視，眼睛盯著其他事物而非食物。下次吃飯時，把心思放在吃飯本身，好好享受餐點的色、香、味，你將會更樂在其中，也更能好好消化吃進去的食物，還會更有飽足感，也會降低攝取的熱量。[2]

區平有次經過課堂，看到他的學生菲利普正在教室裡吃午餐。他向前打招呼，沒想到菲利普跟他說自己正為了一些事煩惱：菲利普和太太的關係出了問題，公司合夥人還打算對他提出告訴，還有下週有兩個重大考試，手邊有好幾份報告要交。菲利普表示壓力真的很大，心情非常沉重，向區平求助：「我該怎麼辦？」

沉思片刻後，區平回答說：「菲利普，我覺得你應

該好好享用你手上的優格。」

此時，無論菲利普是否享受他的優格，都不會改變他所處的現實、那些已經發生的事情，或未來即將發生的事情。但好好享用優格，卻能改變他當下的思考模式，幫助他解壓，甚至可能讓他有更寬廣的角度去看待眼前發生的事，而不是一味衝動地逃避或迎戰。這就是正念的力量。

英國哲學家艾倫·瓦茲（Alan Watts）道出了正念的精髓：

> 沒有人會認為一首進行中的交響樂必須停下來改進後再重來。音樂的意義是在演奏與聆聽的每時每刻間去發掘的。我覺得，音樂跟我們人生大多數時光是一樣的：如果我們一直汲汲營營的設法改進，反而可能完全忘了怎麼去活在當下。[3]

大多數人都過著忙碌的生活，盤子裡都裝滿了東西。對於某些人來說，似乎很難叫他們不要扛那麼多或拿掉一些，因為對他們來說，有許多東西是如此切身重

要。試想一位必須獨自撫育孩子的單親媽媽：她從事全職工作、努力維持一個舒適的家，她也想要健身，挪出時間聽朋友傾吐心事，光是想到這些非做不可卻又擔心自己無法做到的事，就會讓她感到極大壓力。

如何在沒有壓力的狀態下，把想做的事都打理好？

當然，細心規劃，排出優先順序，能帶來截然不同的結果，後面章節會詳述。規劃等於把未來的事件拉到現在，這樣我們就可以採取適當的控制。如果我們不先規劃，重要的事情根本不可能發生。但一旦規劃妥當，對未來的事件能掌控的已在掌控之中，我們就該放下，不再想它，並回到現在，好好享受此時此刻。

當我們保持正念，自然會把所有注意力放在當下，不會用未來和過去的念頭塞滿此時此刻。那位單親媽媽在出席孩子的足球比賽時，她的身心靈也會全程出席；在陪孩子上音樂課時，也會全然享受跟孩子共處的時光；在工作時，則能全心專注自己的工作，其他事情都不去想。當跟朋友相聚時，她所有的注意力都放在幫助朋友上。

心理學家喬・卡巴金（Jon Kabat-Zinn）曾提醒我

們，「要做到正念，需要一次只專注做好一件事，而且確保整個過程都全心全意。」[4]

正念意味我們不再因為過去和未來自責，虛度了當下。我們一次只能專注一件事，儘管過去或未來可能有壓力，但當下是沒有壓力的，而你有權選擇怎麼思考、怎麼過活。

自我鍛鍊　　如何把正念帶進日常飲食

這個練習是幫助你在吃東西時，能夠具備更高的正念覺察力，經證實，這能有效減輕壓力。

我們在吃東西的時候，通常只是無意識地把食物送進口中，快速嚼個幾下之後，就把還未咀嚼完全的食物全送進胃裡，腸胃必須超時工作去處理那團難以分解的食物。難怪我們吃完飯後，總會感到疲累。

以下的飲食模式有助於改善你的生活，找個時間試試看吧。當你有空時，獨自一人到你喜愛的餐廳，點你愛吃的餐點。選擇什麼食物或什麼類型的餐廳都不重要，重要的自己一個人去，而且那裡的食物很吸引你。

用心體會這些食物，全神貫注，其他的完全不要去想。專注每一口食物的味道，感受美食與你舌頭碰撞出的極致風味。專注在你歡心接納食物成為你身體一部分的過程，並感受這過程中的喜悅與驚奇。細細體會你聞到的各種香氣，以及嘗到的豐富口味。

　　你又該怎麼全神貫注呢？接下來這個練習，將幫助你體驗全然的正念，培養你善用所有感官的專注能力。下次當你注意到壓力要開始掌控你的思想、情緒，甚至身體時，無論你在哪裡，都可以做到重回清淨的當下。別試著做其他事，只做以下這件事就行了，看似非常簡單，但它真的有效，而且每次都有效。

　　首先，把帶給你壓力的那些想法逐出心中，趕走愈多愈好。有意識的按下「停止鍵」，終止那一再重複的不愉悅想法。有意識的做出決定，告訴自己不必再有這些想法。這不見得每次都能輕鬆做到；但幸運的是，第二步非常容易。

　　接下來，將你所有的覺察力都放在你的感官上，觀察自己在全然感受周遭環境時會出現什麼狀況。用你全部的覺察力，放在以下幾個重點：

此時此刻看到的：用心觀察周圍環境，不刻意尋找什麼，只用眼睛看、注意、觀察。四處看的同時，對你看到東西的多樣性感到興趣。深入觀察此多樣性當中的細節。譬如說，如果你正在觀察一棵樹，注意看看葉子的不同顏色、樹皮表面的豐富色澤，看看樹木是如何連接到地面，以及地面的顏色又是如何不同。觀察眼前這棵樹，並跟旁邊其他樹木做比較，觀察不同樹木的葉子有多麼不一樣。仔細看眼前這棵樹有多寬、多高、多矮、多粗或是枝幹延伸得多廣。興趣盎然地想著與樹相比，自己是多麼矮小，並看看廣闊的藍天。

此時此刻聽到的：此時周遭有哪些聲音？全然專注在周圍外在環境呈現給你的聲響。是不是有汽車的聲音，還是有人在說話？專心傾聽微風的聲音或是鳥的叫聲，就像你用眼睛觀察時一樣，盡可能詳細體察周遭的聲音。

此時此刻聞到的：專心覺察眼前環境裡的所有氣味，也許沒有什麼明顯的味道，然而，當你刻意去聞時，你會注意到周遭空氣裡流動的細微氣味。

此時此刻觸摸到的：用你雙手和其他部位的肌膚去

用心感受；你的雙腳跟鞋子接觸的感覺如何？同時注意其他部位的衣著，看它們給你的身體什麼觸感。用你的雙手與手指去摸摸這裡、再碰碰那裡，感受它們給你的感覺有何異同。你也可以觀察你身體的各個部位，此時正發生什麼樣細微或明顯的感覺。

此時此刻嘗到的味道：專注在食物的味道、質感、軟硬度。注意自己在交替吃不同食物時，分別帶給你如何不一樣的味道。用一種非常有趣的角度，去覺察嘴巴裡的東西。

最後，在整個觀察過程中，放下你想要評斷的欲望。觀察每件事物呈現在你眼前的自然面貌，如同你看見彩虹、滿天星空、夕陽時，不帶任何判斷、分析或比較。如果你發現有一絲壓力思維重返心中，立刻把焦點拉回到你所有感官上。

這個做法看似簡單，卻是正念的高超技巧。完成之後，依照以下提示，記錄你的感受：

- 你是在什麼情況下進入正念修習？為什麼呢？
- 你主要觀察到哪些，尤其是那些你平常不會注意到的事情？

- 你注意到自己腦中是怎麼想的嗎？

- 你注意到自己有什麼樣的情緒？

- 在練習正念的當下，你的心境有什麼轉變？

- 當你全然沉浸在各種感受裡，你有沒有注意到壓力的變化？

　　正念就像是心理肌肉：用得愈多，就變得愈強壯。這個練習能夠幫助你把心理肌肉訓練得強而有力。

04

你怎麼想，
決定你看到了什麼

每個人都想改變世界，但沒有人想改變自己。

——《戰爭與和平》作者托爾斯泰

在外在刺激與做出反應之間的關鍵空隙，你有權選擇如何回應。選擇正念，專注當下，不總是沉溺於過去或未來，也是在行使身而為人最重要的權利，亦即自由思考。

舉例來說，多數人都認為城市裡擁塞的交通給人極大壓力，特別是你已經遲到了，卻仍坐在龜速行駛的車陣中，有可能不感到焦慮嗎？

這完全取決於你怎麼看待這件事。**人生當中，除了生死交關或危害到身體的情況外，沒有哪個事件本身是有壓力的，但你如何解讀一個事件，卻可能帶給你壓力。**在外部刺激與你對它的回應之間，存在一個空隙，在這當中，你可以選擇讓壓力遠離你的生活。

只要改變對該刺激既有的思考模式，就可以做到。

◍ 換個角度看世界

人的思考模式，就是一個個鏡頭，你透過它們來看外面的世界（除了用眼睛去看，更是用心去感知、理解與解讀）。如果你的「鏡頭」（你的思考模式）受到扭曲，你看待事物的方式，也會是扭曲的，就跟你戴著一副不合適的眼鏡是一樣的道理。

有個朋友很怕狗。每次外出散步看到狗，甚至只是聽到狗叫聲，就會立刻繞道而行，驚慌的找尋其他路線。有一次有隻狗跑向他，他簡直失去理智，對著狗主人大叫把那狗拴好！他對狗的思考模式是：牠們是凶狠的野獸，一不小心牠們就會撲上來撕裂他的喉嚨。

然而，他的小女兒一直哀求要養狗。疼愛女兒的他，決定讓女兒養一隻看起來較不具威脅性的小型史賓格犬。後來他驚訝的發現，那隻狗對他比對女兒更有興趣，牠會磨蹭、舔他，要他摸摸牠。起初他很害怕，但怎麼看都覺得這隻狗實在很喜歡他。沒多久，他就感受到這隻狗的熱情，以及抱牠時的溫暖和輕鬆感受；狗兒見到他時雀躍不已的模樣讓他開心極了。這一切徹底改變了他對狗的態度。現在，當他外出散步時，他開始歡心接納路上看到的狗。他會走近、跟牠說話、拍拍牠。他發現，大多數的寵物狗對他都非常友善，他從此拋開對狗的恐懼。

這位朋友為什麼會有這麼大的轉變？為什麼曾經讓他壓力破表的事物，如今完全不再帶給他壓力？因為他對狗的思考模式徹底改變了。

首先，要知道狗本身並非問題的癥結。當然，有些狗很兇猛，但城市街道上的寵物狗，絕大多數都很友善。引發他壓力的並不是狗本身，而是他對於狗的思考模式。

他原有的思考模式，亦即心理學家所謂的「制約

反應」，也許是小時候曾被狗嚇過，也許牠們大聲的吠叫、尖銳的牙齒很嚇人，不管原因為何，長久以來他已經發展出一套應對這種刺激的習慣模式，儘管在別人看來相當神經質，但他一看到狗，他的「壓力按鈕」就會自動啟動。

每個人都有不同的壓力按鈕：上司、鄰居嘈雜的音樂、嚴重堵車、擁擠人群、特定客戶的要求等等。有個朋友覺得山給她巨大壓力，只要進入山區，就無法入睡，還會感到煩躁，甚至胃痛，她總是擔心山會塌下來壓住她。

現代人因各式各樣的壓力，有許多人都有過類似恐慌症和憂鬱症的症狀。研究指出，臨床心理問題鮮少是由單純的原因引起。遺傳基因、藥物、毒癮、真實的創傷、複雜的腦部化學物質等等，這些因素會以不同方式交互影響每個人。

布拉肯的兒子十三歲那年，在家裡奔跑時踩到牆角的一隻襪子滑倒，後腦勺撞在堅硬的地板上，送醫治療後，醫生說他沒有什麼大礙，但事實上他的腦部已受重大創傷，只是沒有人發現。

他的兒子體格魁梧，而且很有音樂天賦，是個人見人愛的孩子，愛踢足球，也踢得非常好，但是他的頭部後來又因運動撞傷了好幾次。在往後的歲月裡，他開始常在恐慌中驚醒，變得難以入睡，無法學習、專注。精神科醫生開抗憂鬱的藥給他，但情況沒有好轉，反而更嚴重。絕望和焦慮感壓迫著他，致使他幾乎什麼事都不能做。有時只是找不到想要的東西，他就會狂罵髒話，並用拳頭猛擊牆壁。

布拉肯很清楚「戰鬥或逃跑」的壓力反應，也試過各種方式希望幫他跳脫那種狀況，有時布拉肯會嚴格要求，有時則是試著帶兒子靜坐、做意象導引（guided imagery）、聆聽舒緩音樂，但這些努力都起不了作用。他的兒子說：「我總是在驚慌中醒來，恐懼永遠不會消失。」

布拉肯開始閱讀壓力和焦慮相關的資訊，並對腦損傷有了些認識。後來他帶兒子到一間專門診所，接受大腦掃描。

結果顯示，他的兒子的確有創傷性的腦損傷，這個損傷來自十三歲那年的意外。醫生說，他的大腦跟退休

職業足球選手的大腦一樣，所以他的情況不是情緒障礙，而是腦部損傷。好消息是，只要對症治療，他們可以幫助他痊癒。

醫生開立抗癲癇的藥物，緩和受傷的大腦，以高壓氧艙治療，加速神經的癒合。其他治療處方，還包括重量阻力訓練、有氧運動、提高手眼協調能力的球拍運動，以及高品質的睡眠、飲用大量的水。僅僅幾個星期，他的兒子就開始復原了。

在這個過程中，布拉肯一家人承受了很大的壓力。他們又是如何克服焦慮的？

他們經歷認知行為治療，基本上，採用的正是本書的解壓思考模式和技巧。他們了解到，兒子的惡言相向、攻擊、粗魯的手勢，其實是他排解焦慮的出口、戰鬥的壓力反應。所以，治療師建議他們用愛包容他，當他對他們怒罵，他們不是惡言相向，讓事情變得更糟，而是好言相勸。

他們開始在他的周圍團結起來：改變飲食，食用更多的綠色蔬菜和瘦肉；在家裡播放輕古典音樂；享受按摩；在家裡擺放香氛機，營造出寧靜的氛圍。思考模式

的轉變幫助了布拉肯與家人，也有助於接受腦損傷治療的兒子快速復原。

即使是專業人士，有時候也不能完全確定這兩者的分界：究竟哪些焦慮是由實際的腦部疾病引起？哪些又是由錯誤的思考模式所導致？如果你的焦慮程度已嚴重到影響你的人際關係、你的工作表現，那麼你需要尋求專業醫生的幫助。

然而，在日常生活中，我們的思考模式對我們是否感到壓力，確實扮演著極重要的角色。同樣在擁擠車流的城市裡，有人可以開心的龜速行駛，有人則是著急到壓力破表。有人可以對一個決定感到滿足，另一人卻可能怒氣沖天，抱怨連連、怪罪全天下的人。

究竟是什麼事情讓你按下了你的壓力按鈕？什麼樣的刺激會讓你不自主的反應，一下子就壓力破表？其實，你可以改變自己對於每種刺激的思考模式。那位怕狗的朋友就改變了他的思考模式，改採全新的制約反應：他開始了解狗，並喜愛狗。

由此可知，思考模式的轉變，是可以透過刻意練習來達成的。

透過覺察，挑戰或鬆綁那些經常引發你陷入高壓的思考模式，就能讓改變發生。

解壓小技巧

下次當你感到壓力實在很大時，問問自己這些問題：我有生命危險嗎？這裡有什麼真正的威脅嗎？此時此刻發生了什麼事？

例如你正卡在擁塞的交通裡動彈不得，確定已經趕不上會議。但仔細想想，你將會毫髮無傷的安全抵達會場，而且此時塞在路上的你，正坐在舒適的車內。你認定的威脅，是你趕不上會議，以及因為遲到而將面臨的各種麻煩。你知道在這場會議遲到，必然會有不好的後果，但至少此時你是安全舒適的。

只要沒有生命危險，你總是可以想出辦法處理遲到的事，所以現在不妨來聽點音樂，並運用書中即將學到的技巧放鬆一下吧！

做自己心智的主人

◕● 鬆綁你的負面思考習慣

我們把這樣的轉變稱為鬆綁。如果你感到壓力，是因為你被自己的思考模式綁架了，你要做的就是鬆綁，仔細檢視之後，改用那些不會對你造成壓力的全新思考模式。正如那位朋友解開了他對狗的恐懼，你那些誘發壓力的思考模式也能解開。

某個星期六下午，區平一家人去看兒子的足球比賽。球賽時間到了，卻因為有位裁判遲到，比賽遲遲無法開始。

時間一分一秒過去，大家變得愈來愈焦躁，開始對工作人員發出抱怨，憤怒的說出一些惡毒的話，並打算在這個裁判出現時，要好好數落他。整個觀眾席，氣氛變得非常緊張。

後來工作人員向現場所有人致歉。這名裁判因兒子出車禍受了重傷，所以無法前來。當大家聽到這個訊息，現場氣氛頓時改變：原先憤怒和沮喪的情緒，立刻化解為他們的關愛，思考模式整個轉變了。

因為誤解真實情況，扭曲的思考讓人們倍感壓力，

他們絲毫不覺得自己的憤怒、指責有什麼不對，直到得知真相，才讓他們改變原有的思考方式。

接下來的重點，就在於自我挑戰或鬆綁那些造成你壓力的思考模式，把它們攤在陽光下仔細檢視，並改用更適合你的思考模式。

自我鍛鍊　你真的有危險嗎？

這項練習的目的，是幫助你看清自己實際上很少遇到真正威脅生命的事件。

首先回顧你上個月的生活，回想你每個清醒的時刻，看看哪些事件讓你感受到生命受到實際威脅，或者你身邊的人曾面臨這樣的狀況。與家人起爭執、上班遲到這類事件，是沒有生命危險的（雖然你同樣感受到壓力）。你要找出來的事件，威脅性必須不亞於一隻憤怒的龐然大熊衝向你。然後，將你每次生命受到威脅的秒數或分鐘數一一輸入並加總。

舉例來說，你也許差點被車撞了。這個意外發生的實際時間，前後可能只有兩、三秒。其他與這個意外相

關的事情都不能算進來，例如你成功閃過前方來車，繼續安全前行，腦中想著這件意外的時間不算。總之，只考慮事件本身發生的時間。

接下來，把你得出的總秒數或分鐘，除以上個月的時間總數。以秒計算的話，分母是 2,592,000，以分鐘計算則是 43,200。你算出的上個月處於生命危險的時間占比是多少？

可能遠比 1% 還低！在現實生活裡，我們鮮少遇到生命受到威脅的情況，真的需要我們啟動壓力反應的事件少之又少。現在問自己下列兩個非常重要的問題：

- 前面你做過一些自我評估，其中一項是壓力測量，我們請你針對自身的整體壓力指數，給自己打分數，評分介於 1 到 10 之間（10 代表非常高的壓力）。你的分數高於 2 或 3 嗎？
- 如果你處於危及生命的狀況如此少，而壓力反應又只有一個功能，就是幫助你在生命危險的情況存活，那為什麼你會這麼常感到有壓力？

花幾分鐘思考，針對這兩個問題寫下想法和感受。

05

成功學大師的解壓治鬱心法

實現高效率的生活有一些基本原則，

唯有透過學習，將它們融入自身的品格，

才能夠體驗到真正的成功，以及長久的幸福。

——管理大師柯維

想要減輕或消除壓力，可以從改採 7 種思考模式做起。它們源於柯維早年提出的研究發現。

柯維在《與成功有約》中提到高效生活的基本原則，包括正直、機智、遠見、同情心與同理心。這些原則跟解壓又有什麼關係呢？

簡單來說，秉持高效原則過活的人，在生活中遭受的負面壓力遠比一般人少，因為他們不會做那些讓自己產生負面壓力的事。他們的思考模式不會誘發壓力，反而會消除壓力，這些人「**面對刺激時，有一套正面的制約反應**」。更重要的是，他們讓自己過著有意義的人生，不會猶豫不決和陷入無止境的煩惱與擔憂。

遵循這些原則過活，就能獲得清淨與寧靜；然而，對大多數人而言，他們已經習慣長久以來害自己陷入壓力迴圈的思考模式。他們必須學習如何走出來，建立新習慣、新思考模式，才能走向內心平靜與和諧的境界。

◖◗ 七種思考模式轉換

你感受到的壓力幾乎全來自你的內在，而不是外來的：你可能抱持受害者心態；沒有遠見，對未來沒有計畫、沒有預算計畫、不知如何預做準備；沒有能力排出事情的優先順序，因此經常負荷過重、累垮自己；可能無法跟人好好相處，因為防禦心強，或太自我、自大；或是不知道如何拒絕別人。

圖 5-1 進步不難，難的是在進退之間找到平衡

寧靜

壓力

平衡

你知道嗎？不當的思考模式會危害你的健康，傷害你的人生。想要擁有清淨與寧靜，必須留意並戒除 7 種非常容易誘發壓力的思考模式，改採新的思考習慣。

1. 從消極被動到積極主動

許多人的思考模式都很消極被動，他們被動回應誘發壓力的刺激，彷彿他們沒有選擇，只能承擔壓力。

改採積極主動的思考模式，能讓你以正念覺察到自己總是能夠在關鍵空隙裡選擇你的回應，還可以主動積極面對壓力，透過事前規劃，防範未然。換句話說，你能夠掌控自己的生活，而不是任由外在力量去掌控你。

2. 從缺乏動力到充滿熱情

你可能以為有許多目標的人，會承受很多壓力，但實際上，壓力最大的人往往沒有遠大目標，不清楚自己究竟為了什麼在奮鬥，或許他們曾有過理想，卻在煩瑣的世間迷失方向；他們只是傻傻地等待某個外在力量來激勵他們。

充滿熱情的人，會為自己創造明確的內在目標，不

會放任自己迷失方向。由於心很堅定,對自己的眼光也十分堅持,你不會經歷到多數人感受到的失落與絕望。

3. 從凡事緊迫到要事第一

壓力大的人幾乎總在抱怨事情太多做不完,他們習慣疲於奔命的救火,無法控制自己先處理要事,以致隨時處於緊迫中,被壓力逼迫得動彈不得。

一旦建立要事第一的思考模式與行為習慣,你自然會優先處理少數的重要事項,暫時將其他事情擱到一邊也不會心慌。你不會有太多事情要做的窘況。你知道自己才是決定把時間與精力投入在哪裡的人,不是別人。

4. 從為贏困擾到和諧共好

壓力大的人常說自己因他人的作為感到困擾,對方可能做了你不喜歡的事,或打斷你正在進行的事,英國人稱這種情形為「挑釁」,法國人則稱此為「干擾」。

建立和諧的思考模式,你就不會因他人的作為而感到困擾,你會尋求與他人互利;和諧的目的是大家都贏,當然也包括你在內。

5. 從社交焦慮到有同理心

我們經歷的各種壓力，不少出自誤會。社交壓力是最常見的一種，我們常在跟人大吵一架之後，才發現只是誤會。飽受社交壓力之苦的人可能會退縮，他們繭居式的行為往往讓他們感到沮喪，而且更容易罹患心臟病、中風和糖尿病。

培養同理心，主動去了解別人，也比較能夠真正了解別人。你不僅了解他們的想法，也能體諒他們的感受，而且對方會知道你能善解。這種能力對於緩解緊張關係有著奇蹟般的效果。

6. 從自我防衛到開放多元

我們生活在憤怒的時代，媒體上常看到各種衝突、不同種族之間有著太深的仇恨與不信任，人們對於異己沒有太大的包容。身處如此巨大壓力的時代，人們試著用防禦心來面對他人；但諷刺的是，這只會讓他們的壓力變得更大。

擁有開放多元的思考模式，就能真心接納異己，採納不同的意見和看法。當人們可以善用彼此的差異，不

再對異己抱持高度防禦心，我們就能找出創造性的方法去解決壓力問題。

7. 從緊繃不安到清淨寧靜

　　一個從不停止鋸木的木匠，他的鋸子很快就會鈍了。同樣的，「壓力開關」始終啟動的人需要學習關掉開關的技巧。我們會教你一套完整的技能，幫助你從緊繃不安走向清淨寧靜。

　　接下來的章節，我們會深入探索上述每一種思考模式的變化，從根本解決引發壓力的源頭，這將有助於你遠離一般人常經歷的日常壓力。我們不只要教你如何在壓力來襲時，明智的面對它，更要告訴你如何有效的防範未然。

　　讓我們先來看看這 7 個思考模式是如何影響你。有個簡短的壓力測試能幫你測出自己的壓力指數，你只需想想自己有以下感受的頻率有多高。

自我鍛鍊 ▶ **如何轉化思考模式**

在過去一個月，你曾感到生活失去控制嗎？頻率有多高？

請用「從來沒有」、「幾乎沒有」、「有些頻繁」或「非常頻繁」來回答以下問題。

- 你感到生活中的每件事都失去控制？
- 你缺乏起床出門工作的動力？
- 你很難處理好所有你必須做的事情？
- 你的人生正逐漸失去優勢？
- 其他人讓你感到焦慮？
- 你的防禦心強或經常感到憤怒？
- 你因為某件意外發生而備感壓力？

如果你發現自己經歷這些情緒的頻率相當頻繁或非常頻繁，表示你正處於嚴重甚至危險的高壓之中。

我們向你保證，只要你按照本書的建議去做，就會有奇妙的事情發生。首先，你會立即發現自己的壓力症狀獲得紓解。當你開始照著我們列出的要點去做，改變

你的思考與習慣，你就會感受到壓力瞬間大幅下降。

更重要的是，當你將書中原則、思考模式和習慣融入生活裡，你將會逐漸進入平靜、快樂，以及充滿喜悅的狀態。不受壓力影響的生活將變成你的生活常態，你不再時時刻刻感到壓力，生活也不再了無生趣。

以我們的經驗，要達到這樣的境界，大約需要 10 週的時間。為什麼是 10 週？倫敦大學的研究人員指出，一個新習慣的形成，平均需 66 天。[1] 你必須培養出新習慣，即新的制約反應，否則你還是可能一直處於壓力之中。採行本書教導的技巧，不用三個月的時間，你就可以擺脫壓力了。

第二部

7 個解壓習慣
活出美好人生

06

從消極被動到積極主動

不能戰勝自己內心帝國的人，稱不上自由！

——希臘哲學家畢達哥拉斯（Pythagoras）

曾有一名讀者寫信給區平：

大約兩個星期前，我跌至人生谷底，甚至認真考慮過自殺，或許更確切的說法是：我已決定要自殺。我開始鑽牛角尖，想著這個世界如何害我變成這樣，以及我為什麼會這麼倒楣。正陷入絕望時，突然看到桌上放了一本你寫的關於壓力管理的書，

六神無主的我隨手將這本書翻開來看，結果完全停不下來，一讀就讀了一個多小時。

你在書中提到：壓力並不真實，只是我們選擇認知的一種看法。這種掌控的感覺深深震懾住我，原來我可以控制自己的情緒，不必任由情緒控制我。我開始覺得，我可以掌控自己的人生。

現在的我，更注重飲食健康，並開始運動，也接受了心理治療，我努力為自己的人生理出頭緒。我覺得我現在已經懂得如何活在當下，而不是活在過去，或對未來憂心忡忡。

這封信揭露出壓力管理最重要的精髓，也是本書重點：壓力並不真實。你可能會反駁，尤其當你發現自己晚上無法順利入睡、變得健忘，常有不規律心跳，還會大量冒汗，這些症狀都會讓你覺得壓力是真實存在的。

但實際上，是你選擇了壓力。

在給區平的信中提到：「我開始想著這個世界是如何害我變成這樣，以及我為什麼這麼倒楣。」這個讀者覺得是外在環境害他變成這樣，自己的運氣很差，整個

解壓小技巧

感覺只是心智的假象。有時候，我們的感覺會扭曲我們對於現實的看法。

下次當你對某件事感到壓力時，問問自己：這會危及人身安全嗎？這真的值得付出這麼大的情緒能量嗎？把自己弄得筋疲力盡，真的有助於改善現況嗎？

當覺察到在刺激與回應之間的關鍵空隙，你就能夠控制自己與這些感覺的關係，然後確實的切斷壓力源。

宇宙都在跟他作對，害他只能自殺。這些看法顯然非常不理性。

有這種想法的人往往發展出一套思考模式，把自己當成受害者，他們對日常生活事件的解讀，會一再強化這樣的思考模式。

想想我們在遭遇壓力情境時說的話，背後往往也透

露出相同的思考模式：

- 「他讓我非常生氣。」
- 「我永遠無法有喘息的機會。」
- 「我就是個失敗者。」
- 「我就是這個樣子了。」
- 「我做什麼也改變不了現況。」
- 「我的人生爛透了。」

◖ 是情緒糟，不是你很糟

　　這種思考模式是消極被動的，因為這類型人的典型想法，就是被動面對周遭一切，彷彿他們本身沒有絲毫責任。所有外在的力量，包括運氣、宿命、命運、老闆、老婆、男朋友、政府、大環境，都得為他們的壓力負責。他們不會主動採取行動，只是被動回應；他們不掌控自己的人生，而是任由別人控制他們的人生。

　　研究指出，壓力反應會造成肥胖、心臟病、憂鬱症，以及對社交退縮。消極被動的人，壓力門檻很低，

小問題就足以讓他們備感壓力，要是遇上大問題更是不堪一擊。[1]

你不是一顆石頭，有人踢你一下，就別無選擇只能往下滾；你有權選擇，以你的方式回應生命中的每一個刺激。消極被動的思考模式會扭曲事實。沒有人能「害」你生氣、悲傷或不快樂，即使你的人身安全受到脅迫，或是經歷重大創傷，你也仍是有選擇的。

你永遠可以選擇要不要生氣、悲傷或是快樂。消極被動是一種「無心」（mindless）的思考模式。與此相反的是積極主動，這是一種秉持正念的「有心」思考模式。積極主動的人會採取行動，而不是被動回應。他們相信自己有選擇的自由；他們讓事情發生，而不是等著事情發生。他們憑藉自己的力量，努力做出改變。

他們真正的力量就來自正念，他們會自省並修正既定思考。積極主動的人會質疑自己的假設，也對別人提出質疑。你可以從他們的話語中感受到積極主動：

- 「我不會因為對方說『不』就打退堂鼓。」
- 「一定還有其他的選擇，仔細想想看我們還有哪

些選項？」

- 「既然沒有足夠的資源，那我們手邊有哪些可用的資源？」
- 「我可以用不同的方式來思考這件事嗎？」
- 「我們只是還沒有碰到對的人。」

在消極被動的思考模式裡，你覺得自己的人生由外力控制，而你幾乎沒法控制，於是這些外力會帶給你壓力。但在積極主動的模式裡，你的人生由你自己掌控。除了你自己，沒有任何人可以支配你的人生。對於造成壓力的情境，你可以選擇如何回應，你可以選擇不要對此感到壓力。

最新科學研究顯示，「那些深信事件取決於未知或不可控制因素的人（例如比自己更有權勢的人、機會、運氣或宿命），似乎更容易因障礙或失敗而一蹶不振。遇到不順遂，他們會更加沮喪，並展現出更多不由自主的壓力反應。」[2]

換句話說，消極被動的人，感受到的壓力遠超過應有的程度，他們的壓力根源，正來自他們本身的信念。

　　有位朋友剛從法學院畢業，報考了律師資格考試，且輕鬆過關。但因為他的妻子在其他州找到工作，考慮過後他們決定搬到那裡居住。他原本可以在這裡的律師事務所謀得很好的職位，但現在他必須到另一州再次通過律師資格考試，才有資格代表客戶出庭。他從早到晚拚命苦讀，惡補該州的法律條文，但最後他以幾分之差

未通過考試，他為此感到極大壓力，聽他講話，你會覺得世界末日即將到來。

然而，他離世界末日真的還差很遠。

他的妻子有一份很好的工作，他自己也不是待業中，他有一份工作，雖然這次律師考試沒通過，新公司還是願意繼續雇用他，況且幾個月後他就可以再次參加考試。到時候，要通過考試應該易如反掌，因為他將會更熟悉該州法律。所以，一次考試未過，並不會對他的生計造成直接威脅。然而，這個朋友仍然對這次挫敗深感壓力，最後導致免疫系統受損，變成嚴重憂鬱，身心都出現了問題。

壓力是人體保護自身免於遭受直接人身危險的本能。既然他沒有直接的危險，這樣的壓力反應實在很不合理，更有害健康。

這位律師的消極被動思考模式，導致他承受與現實完全不相符的巨大壓力。他全然接受自己的負面思考，卻忽視現實情況，結果飽受壓力折磨。反觀主動積極的人，會挑戰自己的思考模式是否與現實相符。

世上本無事，只是庸人自擾？

這個練習的目的，是幫助你了解，壓力的真正原因並非你想的那樣。

稍微想像一下：你的上司生病了，你要代替他向一群大人物進行一場重要簡報。現在回答以下問題：

- 在上台簡報前，你有什麼感覺？你會感到緊張、焦慮、害怕、恐慌嗎？

- 如果換作是在家裡跟家人交談，或在咖啡廳對好友談同樣的事情，你會感到相同的壓力嗎？

- 在兩個地方所做的事情，幾乎是一樣的，都只是發表自己的看法，那為什麼當對象是大人物時，會讓你如此不自在？

- 你又為什麼對在會議室演說感到有壓力，在家裡就不會呢？

- 這群大人物會危害你的身體或對你的生命造成威脅嗎？

- 假如你沒有生命交關的危險，那究竟是什麼原因讓你對當眾演說感到巨大壓力？

我們從這個例子學到，**造成壓力的原因很少是事情本身，而是我們的解讀方式。**世上本無壓力，壓力來自我們對事件的解讀，這世界大多時候是毫無威脅的。雖說有例外，但正如前面說的，機率很低。

當然，現實的種種可能很容易讓人沮喪，有位紐約客描述他通勤去上班時看到的景象。他在擁擠的地鐵月台上等了半個多小時，還是無法擠進車廂，不得不放棄，改搭公車。在公車上有人被控扒竊，公車停了下來，他只好下車改用走的。路上有名男子在車陣中穿行，大笑並瘋狂舞動雙臂，差點打到他。這個早上天氣非常寒冷，他還要走過十七條街，才會到辦公室。

他想起昨晚獨自一人去看電影，電影主角度過了悲慘人生，電影院裡有個男人不斷回頭盯著他看，讓他很不安，看完電影後他跑去漢堡王，又遇到一個神情極度不安的人。在公寓外牆上，印著一個打擊犯罪的警示標誌。夜裡，他聽見可怕的車子撞擊聲。隔天，整個街上都是垃圾；經過報亭時，老闆娘還對著他大吼。現在，他走在寒冷的街上。

終於，一個半小時之後，他抵達辦公大樓，一進入

大廳，他看到裡面放著一個演講看板，上頭寫著主題：「探討職場的壓力源」。[3]

你又是如何開始每一天？儘管諸事不順，這名紐約客還是有權選擇要不要因為這些事而感到壓力。

擁有積極主動思考模式的人，比較不容易有壓力。他們會選擇一開始就避免壓力發生，而不是日後再來應付源源不斷的壓力，心理學家稱這種方式為「積極主動式因應」。

積極主動式因應有兩大好處：一是及早應付問題，所需耗用的資源較少，成本也較低；二是可減少暴露在壓力下的時間。[4]

每個人都會有不順遂的時候，沒有誰可以預知未來。但積極主動類型的人在待人處世上誘發壓力的機率比較低。他們知道，他們控制不了外在世界，但外在世界也控制不了他們。儘管人生中有太多變數，但他們在待人處事上有一些能讓自己感到自在安心的不變原則，他們努力活出這些原則。換句話說，一旦你有充足資源去應付壓力，要從中解脫也就容易得多了。

●● 講求道德原則，成效更好也更快樂

　　據我們所知，選對待人處世的原則，是預防壓力的最佳工具。例如花錢有度與事先儲蓄，可以避免金融風險的壓力；對不那麼重要的事情說「不」，可讓自己免於忙昏頭的窘境；藉由運動、正確飲食、定期身體檢查，以及遠離有害健康的成癮惡習，可避免讓身體出問題的壓力；藉由待人寬容、溫厚、慷慨，可免除緊繃人際關係的壓力。

　　要是選擇相反的待人處事方式，自然就得承受各種壓力的惡果。

　　主動積極採取對的原則，就能避免這些壓力根源。柯維曾說：「會影響人類效率的原則，也是人類社會的自然定律，這跟地心引力之類的物理定律一樣是真實存在的，同樣真實、永恆不變且不容置疑。」[5]

　　我們相信，多數人的生活壓力，絕大部分是來自放棄或閃避明知該堅持的原則，只有極少部分才是源於生死交關的危險時刻。我們談到的原則，包括事前準備、累積經濟資源、主動積極，以及涉及道德的原則如誠

實、正直、忠誠、善良、寬容、耐心和謙虛等。人若能將思考模式調整為符合這些原則，自然就不會經常感受到壓力了。

《倫理學傻瓜手冊》（*Ethics for Dummies*）提到：

> 秉持道德生活的人生，往往比起不秉持道德生活的人生更為平靜、更專注，也更有效率。大多數人無法完全不去同情別人；要知道，傷害別人，也會在你身上留下疤痕。因此，不道德的人過著比一般人更加衝突的內心生活，這是因為他們在不當對待他人的同時，還必須努力壓抑自己的良知與同情

心。一旦他們無法妥善壓抑自己的同情心，那麼他們傷害或不尊重其他人，所心生的內疚與羞恥感，便會在內心深深扎根。[6]

秉持誠信行事的人，比較不會因為自己的行為，內心不斷經歷衝突；他們活得較沒有罪惡感，內心矛盾也較少。寬容的人不太會浪費時間精力在怨恨與勾心鬥角上，有耐心的人則不太會因為逆境、意外、疾病等因素而飽受壓力。

正如前面看到的，當我們恢復到身心靈的平衡狀態，壓力就會結束了。此外，還有一種所謂的「道德平衡狀態」，即秉持正直、自我價值與同理心等原則行事的內心穩定狀態，內心穩定意味我們的思維模式調整到與原則一致。

那麼，我們要如何達到道德平衡的狀態呢？

◖◗ 美德來自習慣的養成

亞里士多德說：「美德來自習慣的養成，沒有哪個

美德是我們與生俱來的。 我們身上之所以顯現出成熟的美德，都是因為習慣使然。」藉由在刺激與回應之間的關鍵空隙做出有意識的決定，我們就能養成積極主動的思考模式。

有位朋友在多年婚姻生活之後，先生毫無預警的離開她和孩子。她在一夕之間成了單親媽媽，不但要處理自己和孩子們的情緒，還要兼顧家務與全職工作。身邊的人對她的離婚談判提出直率建議，力勸她：「把他榨乾，讓他也嘗一嘗被人拋棄的滋味。」

你可能也認為她很想這樣做。畢竟大家公認她是個好妻子，她的丈夫沒有理由這樣對她。在外人看來，她正歷經嚴重的壓力與焦慮時期，她有權報復。但出乎大家意外的，她並沒有這樣做。

許多年前，她就決心秉持「人人都應受到尊重」的原則過活。她深信，即使在困難的情況下、即使人們做出不友善或傷人的事情，他們仍應受到禮貌和友善的對待。這正是她對待前夫的方式；因此，她和孩子後來以極少的傷疤與非常小的壓力安然度過這段困難的時期。

研究指出，失控與壓力息息相關。愈能掌控人生，

圖 6-1 積極主動，也要練習放手

你無法掌控
雲端之上

雲端之下
你能夠掌控

▲ 把你無法掌控的事，想成是在「雲端之上」；
對於它們，你能夠做的真的很少，甚至沒有。
接著，把你能掌控的，想成在「雲端之下」，
列出你可以預做準備、減少意外發生的事。
最後，請你安心活在「雲端之下」，別再為了
「雲端之上」的事情飽受壓力了。

感受到的壓力愈小；愈不能掌控人生，感受到的壓力愈大。只是人的一生中，有許多事是自己無法控制的。

丈夫決定離去，是妻子無法掌控的，面對這個突發狀況，她的壓力有可能破表。但是，她要如何回應這件事，卻在她的掌控之中，而她選擇秉持人際關係的基本原則行事：文明與尊重，她也因此大幅降低這個事件可能造成的巨大壓力。

同樣的道理，也適用在你身上。你無法控制生活中的每一個刺激，但你可以控制你的回應。藉由積極主動的思考模式，你能夠控制自己的情緒，而不是讓它們控制你。你可以決定是否秉持原則行事，這些人生真理將給你力量。

想要解脫壓力，需要你下定決心做個積極主動的人，以下練習可以幫助你。

自我鍛鍊 **如何做個積極主動的人？**

這個練習是幫助你變得更積極主動，不再被動消極而承受過大壓力。

前面曾經問過：「在過去一個月，你曾感到自己生活中的每件事情都失去控制嗎？頻率有多高？」

如果你的回答是「有些頻繁」或「非常頻繁」，表示你正經歷極大壓力。你的目標是要「幾乎沒有」，甚至「完全沒有」。

至少花兩個月的時間，每天都做這個練習，並檢視先前回答。每天問自己，承諾要做的改變，成效如何？

如果你有財務上的壓力，你應該採用什麼樣的原則？是減少開支？還是存錢以備不時之需？你應該做出什麼改變，將這些原則變成你生活的一部分？是規劃預算？還是開個儲蓄帳戶？

除了財務方面，針對以下項目：工作、健康、體重、人際關係、家庭等，問自己同樣的問題，你應該改採什麼樣的原則去改變現狀？又該如何把這些原則變成你生活的一部分？

07

從缺乏動力到充滿熱情

當你全心全意的投入，

你會感到一股熱流流竄全身，那就是喜悅之泉。

——詩人魯米（Rumi）

有一天去海灘玩，看到有位父親帶著四個小男孩去衝浪。隨著天色漸暗，他們換掉身上的溼衣服，將裝備收好放回車上。但這幾個精力旺盛的男孩不但沒有迅速入座，還興奮地吵鬧著誰要跟誰坐。坐在駕駛座的父親，怒不可抑。突然間大罵髒話。他先是怒吼，要他們不要再爭吵，還罵他們愚蠢、白癡。然後，說自己快被

他們煩死了。他就這樣持續大罵了好幾分鐘。

　　這番激動的言詞管教，實在太不入耳。在一旁的我們，差點就出面干預。還好這個父親幾分鐘之後終於住口了，被嚇壞的男孩們躡手躡腳，安靜爬進座位，然後一行人開車離去。

　　對於這群男孩來說，一起到海邊玩，原本是美好的一天，卻因為父親的壓力爆發，最後以不愉快收場。在我們看來，這些孩子的行為其實不算太過分。在刺激與回應之間的關鍵空隙，這個父親卻不自覺的做出重創親子關係的行為，這樣的本能壓力反應日後很可能帶來嚴重後果。

　　他的孩子會如何看待父親呢？他立下的壞榜樣又會對兒子的行為造成什麼影響？是否也學會用怒聲喝斥來回應壓力，並任由壓力節節高升破表？

　　柯維曾提出高效人士的 7 個習慣，其中有個習慣是以終為始。他寫道：「所謂以終為始，就是從一開始就必須清楚知道自己要達到什麼樣的結果，這意味著你要知道自己的目的地，才能清楚該從哪裡出發，又該怎麼到達，同時知道自己所走的每一步或對各種事件的回

應，是往正確方向前進。」[1]

那位憤怒的父親絕對不想破壞自己和兒子的關係，或讓他們學會用勃然大怒去回應壓力，但他的行為卻造成這樣的結果。如果他能夠在爆發情緒之前先想到後果，可能就會換種方式去回應了。

就像很多人一樣，這個父親在採取行動之前，根本沒有多想，在他心中，對於父親的角色並沒有整體的使命感，也可能從未想過這個問題。假如沒有一個長遠的計畫、目標、願景，不清楚自己想要成為怎樣的父親，那麼他將繼續以強烈的負面情緒，回應每個迎面而來的刺激。

● 發現自身的使命

壓力專家羅傑‧威廉斯（Roger T. Williams）曾說：「**再多的放鬆技巧，都消除不了漫無目標的人生所帶來的壓力。一個人要是沒有方向、沒有目標、沒有存在的理由，將會隨波逐流，純靠運氣行事，人生時好時壞。**」[2]

柯維曾說，每個人都要去發掘自身的使命，也就是

他們對自己人生的願景，或是活著的理由，否則將終其一生在不確定的海洋裡漂泊。他呼籲每個人都應該花時間思索自己的人生想要什麼，並寫下來，隨時提醒自己。以那位父親為例，如果他曾寫過這樣的使命宣言，或許就不會在那瞬間情緒失控了：

> 身為父親，我的使命是教育出正直、受人尊重的孩子。他們會成為所有人的朋友；他們將秉持寬容與善良行事。我希望他們把我當成他們最可靠、最好的朋友，並知道我很愛他們。

每位家長心中都有自己的使命，但如果他曾寫過這樣的宣言，許諾自己以此為圭臬，並經常回頭審視，一再承諾自己會身體力行，那麼這篇宣言或許會成為他的行動指南，幫助他在受到刺激與回應之間的關鍵空隙做出妥善回應。在憤怒時，他或許會想想內心的最終目的：教養出正直、受人尊重、仁慈、善良，以及慷慨大方的孩子。假如他對孩子的每個回應，都是有自覺的，而且必須通過自己內心的過濾器，他就不會做出不加思

索的衝動反應了。

布拉肯說，他年幼時，精力太過旺盛，渾身充滿「神經能量」〔nervous energy，也就是現在我們熟知的「廣泛性焦慮」（generalized anxiety）〕，甚至要靠藥物控制。他和家人濫用藥物、酒精，彼此虐待；跑步是他當時處理巨大生活壓力的方式。

他擅長各類型的運動，尤其是跟跑步有關的足球與田徑。在足球比賽中，他可以輕易把對手擊倒，還會因此得到獎勵，於是運動成了他消除挫折和焦慮的一大妙方。在田徑隊裡，他的強項是 400 與 800 公尺的賽跑項目。由於個頭大，他還丟過標槍、擲鐵餅，表現優於隊上的其他人。他不僅為此感到自豪，為了有好表現，他也非常努力。

他記得年少時，有一天放學後，異父異母的哥哥載他到一個廢棄的建築工地，並強迫他服用毒品，而且劑量很高，當時的他根本沒有能力掙脫，只能照著哥哥的話做。回到家後，他整整昏睡了兩天。他的父母不知道是沒有發現異狀，還是發現了卻根本不在乎。

他記得醒來後，到一所中學的操場練跑。但才跑了

半圈，就覺得胸口一陣刺痛，然後身體倒在泥巴地上喘不過氣來。

當時，倒臥在泥濘裡的他，有了前所未有的頓悟。他領悟到：如果他繼續跟家人做一樣的事，到頭來他會變得跟他們一樣，過著悲慘的生活，但他一點也不想變成跟他們一樣。

他心裡知道自己是可以改變的。雖然還不知道怎麼做，但他相信自己做得到。在內心深處，他知道自己可以創造出一個截然不同的命運。就在那一天，倒臥在中學運動場泥濘跑道的布拉肯，決定了自己的最終目的。

明白自己有選擇人生的自由，這其中的力量遠比我們了解的還要強大。花點時間去思索屬於你自己的最終目的吧。

◑ 有願景的人，不會感到絕望

如果你有機會旁觀自己的葬禮，你希望家人、朋友怎麼述說你和你的人生？

你希望他們把你描述成什麼樣的伴侶、同事或父母

呢？你又是什麼樣的兒子、女兒或親人？什麼樣的朋友？你希望他們看見你身上的哪些特質？你希望他們記住哪些你曾對朋友、家人、社區付出的貢獻？仔細看看你周圍的人，你希望自己對他們的人生做哪些改變？[3]

在回答這些問題的同時，你就會開始發現自己人生的使命。請寫下答案，並保存好，記得定期拿出來檢視。這樣一來，你的使命宣言將會降低你的壓力感。有太多壓力是因為不確定而生，你的使命宣言能夠給你持續保有動力的靈感。

作家大衛・懷特（David Whyte）曾說，職場上的壓力是「毫無意義的壓力」，**除非我們心中能有明確的最終目標，並從工作中找到意義，否則工作本身就是你的壓力源。**[4] 所以，好好思考你希望在目前的工作角色上，做出怎樣啟發人心的貢獻吧。

多數有壓力的人，是因為沒有明確的使命感。他們早上很難起床，因為他們沒有想要做某件事的動力，他們內心缺乏讓自己熱血沸騰的終極目標，就算曾經有過，也在日復一日的單調工作裡迷失了方向。

缺乏動力的思考模式，會讓一個人無法應付日常壓

力，常感到心力交瘁，容易過勞，跟家人的關係緊繃，甚至失去努力的動力。對人生有熱血、熱情的人會這麼說：「我有一些真正值得努力的目標，我知道自己想要做出什麼貢獻，我能預見自己想要留給後人什麼典範。」[5]

缺乏動力，不僅是壓力的因，也是壓力的果。如果你無法對你的工作充滿動力，如果它不那麼吸引你，你就會有壓力。然後，那衍生出來的壓力，又會讓你更沒有動力。沒有什麼能像壓力和憂煩一樣，點點滴滴消磨一個人的動力。在職場上，壓力對你的最大影響在於它會削弱你的動力。

減輕工作壓力的解方，在於激發動力。所以去找一份能夠真正激發你、令你熱血沸騰的工作吧。以終為始的思考模式，能夠讓你心中有個激發動力、熱血沸騰的終極目標。當你非常堅定自己的願景，你就不會感到絕望，也不會像多數飽受壓力折磨之人一樣，內心經歷那麼多的煎熬。經常定期回頭審視自己的使命宣言，它就能成為你在刺激與回應之間關鍵空隙的情緒與行動的「過濾器」。

自我鍛鍊 **寫下你的使命宣言**

這個練習是幫助你發掘人生的主要使命與目的，讓你的生活不再充滿壓力大，卻又漫無目的。

在你的人生中，你最在意什麼？你最重視什麼，什麼對你最重要？對你來說，什麼樣的價值、理念或原則最寶貴，值得你終其一生去堅守？

回到剛才那個葬禮的場景，花點時間寫下你腦海中浮現的所有價值。你不必排出優先順序，只需簡單寫下所有你認為對自身有意義的價值。

接下來，分別檢視你寫下的價值，並根據你的重視程度排序。這麼做的同時，你或許可以思考這個問題：如果我真的能設計自己的人生，創造一套價值去形塑自己夢寐以求的最佳命運，那會是怎樣的一套價值？優先順序又是如何？

最後，為每個價值寫出一段清楚的描述。同時，問自己：「這個價值到底對我有什麼意義？」如果想要真正活出這項價值，必須有怎樣的表現、做出哪些改變？請具體形容。

在撰寫各項明確聲明時，請參照以下原則：

- 用肯定、正向的話，寫出每一段聲明。
- 以「我」為開頭，寫下每一段明確聲明。
- 用現在式描寫每一段明確的聲明，彷彿目前正在發生。

舉例來說，一段關於身體健康的價值聲明可以這麼寫：我很健康，也很強壯，我的身心靈隨時保持健全，我尊重自己，吃得好、常運動、足夠休息，並妥善管理壓力。

一旦你完成這個步驟，你就已經創造出自己的個人使命，往後人生，你做的每件事都會以此為標準。一旦秉持使命宣言過日子，你會開始把每個決定，無論多小，全放進這個過濾器裡篩選。你最重視的價值會開始影響你所有的選擇，而你的壓力也會隨之消除。

如何善用這個心智過濾器？請你思考這一天所做的選擇，問自己：「哪個選擇可以幫助我實現自己的使命？哪項行為最能符合我的價值觀和原則？」

有一次我們到監獄為受刑人上課，我們問他們，假

如被監獄警衛欺負，他們會怎麼做？他們當中多數人都只是聳聳肩，但有一名囚犯激動的說：「用刀刺他。」但在我們教導他們有關刺激和回應之間的關鍵空隙，還有以終為始的重要之後，該名囚犯改變了他的回答：「我不會用刀刺他。因為這麼做，對我實現離開這裡的目標，毫無幫助。」

我們心想，這是個好的開始。現在的他，在刺激與回應之間的關鍵空隙裡，已經有了一個心智過濾器。

想要避免壓力，往往取決於你是否能夠做出這些決定：你心中的終極目標是什麼？你希望什麼事發生？在刺激與回應之間的關鍵空隙裡，你究竟可以怎麼做？這裡提供一些選擇供你嘗試：

觀察：只需觀察情勢，什麼話都不要說，也不要做出評斷。你或許會發現此事件並不影響你的核心使命。

容許：對自己說，你可以容忍這樣的事情，一切順其自然。你或許會發現此事件並未造成太大干擾。

接受：對自己說，你可以接受這樣的事，這個情況反而能幫助你實現使命。

發現：問自己，從這個情況中，你可以學到什麼？實際上，此事件有助你實現使命。

感恩：對自己說，感謝能有這樣的經歷，此事件背後富有意義，讓你收穫很大。

有位小男生受邀參加舞會，他興奮的騎著摩托車趕回家拿舞會所需的東西；他沒有將車子熄火就直接跑進家裡。此時，他的父親剛好下班回到家，並把車子停在摩托車後面。急忙之中，兒子沒注意到父親的車就停在後面，逕自騎上摩托車並倒車，造成車子嚴重的毀損。

如果你是男孩的父親，你會說什麼？「真是蠢到極點」、「你以後別想再騎那輛摩托車了」，還是「我受夠了你不負責任的行為」。

你可能因為車子撞壞而不開心，但你覺得自己的壓力水平會隨著上述那些反應升高，還是下降呢？那些反應對你的兒子又會有什麼影響？你會不會讓兒子因此疏遠你？

另一方面，假設你心中有個不同的終極目標：你希望教導兒子有責任感，同時讓他感受到你對他的愛與

圖 7-1 在關鍵空隙，你可以做的 5 件事

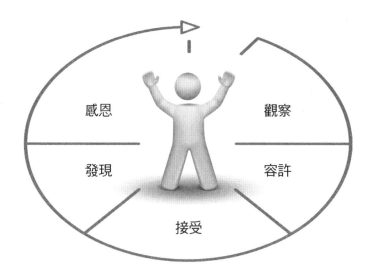

尊重。你或許該這麼說，「幸虧沒有人受傷」（感恩）；（我有保險可以全額理賠」（容許）；「我知道你不是故意的」（接受），但我們有必要好好談一談騎摩托車的正確方式」。你甚至可以對自己說：「我早該注意到車子引擎還沒熄火，由此猜想他可能很快就會倒車出來」（發現）。

這些反應全是受到這個父親自訂的使命驅使：跟兒子保持良好的緊密關係。這個父親並未衝動做出本能反應，而是根據他為自己設定的更高使命，去謹慎選擇他的回應。

你也做得到。首先，找出對你真正重要的事：你的使命是什麼？身為員工、父母、朋友、配偶，你內心為各個角色設定什麼樣的最終目標？你這一生想達到什麼終極目標？然後，開始根據這些大決定，去做出許許多多的小決定。你很快就會發現，你已經剷除了生活中大多數的壓力源。

想擺脫壓力，現在就要下決心做到以終為始，以下練習可以幫助你做到。

自我鍛鍊 ▸ 　**如何激發內在的動力？**

　　這項練習是幫助你獲得或重獲動力，讓你得以克服壓力。前面曾經問過：「在過去一個月，你曾感到缺乏起床出門幹活的動力嗎？頻率有多高？」

　　如果你的回答是「有些頻繁」或「非常頻繁」，那表示你正經歷極大壓力。你的目標是要能做到「幾乎沒有」，甚至「完全沒有」。

　　請針對各個人生領域：事業、朋友、配偶／伴侶、父母、子女、社會，分別撰寫一段簡要的使命宣言，並在未來至少兩個月內，每天重新審視一遍，問自己，是否有好好忠於你的使命？

08

從凡事緊迫到要事第一

人在壓力下，常處於一種無知狀態，

壓力讓人把每件事都當成緊急事件。

——《心靈寫作》作者娜妲莉·高柏（Natalie Goldberg）

你是不是也常面臨下面的處境？超過負荷的待辦事項，讓你很想逃得遠遠的。但你自己很清楚，逃避只會製造更多壓力。

今天實在提不起勁工作！我剛從外地出差回來，雖然已經病了好幾天，但還是得要進辦公室。

因為有一大堆待辦事項等著處理。哦,還不只這些,今天早上正當我試著打起精神工作,網路卻掛掉了,真是雪上加霜!我只能坐在辦公桌前等待狀況解除,無心工作,卻又不得不趕緊處理各項待辦工作。終於下班回到家,我很想一笑置之結束這悲慘的一天,上網追劇輕鬆一下(我超想這麼做的),但一想到明天還有更多事要處理,我就根本無法放鬆。[1]

當面對太多事情,以及可能伴隨失敗而來的嚴酷後果,任誰都會感到巨大壓力。某種程度的壓力也許還可以承受,但當壓力負荷超載,就會開始效率變低、自信縮水、健康亮紅燈,工作動力也跟著消失。

工作負荷過重是當今最常見的壓力源之一。我們被要求用較少人力去做更多的事,以前要兩人或多人完成的工作,如今只讓一個人去扛責,這種情況十分常見。家庭關係也變得更為緊張,加上科技發達、資訊爆炸帶來的壓力,難怪現在大多數人的內心都飽受壓力折磨。

多工模式是我們應對現今工作的常見方法。但科學

家已有強力證據證明：一個人無法同時處理並做好多項工作。事實上，同時進行多項工作，會導致每項工作的成效平庸，更糟的是過程中還會承受巨大壓力，因為這並不符合人腦的運作方式。

● 認清你的目的，排出輕重緩急

心理學教授艾德·瓦格（Ed Vogel）進行了一項突破性的心智圖研究。他想了解，當我們設定一個想要達成的目標（例如減重或學習西班牙語）時，大腦是如何運作的？比起沒有達成目標的大腦，有具體達成目標的大腦，是否運作得比較好？還有人腦可以同時專注在多少目標或日常事務上？

為了找出解答，瓦格採用一整套大大小小的高科技設備，包括 MRI 引導的穿顱磁刺激器、眼球追蹤儀、測量腦部電流活動的腦電圖（EEG）記錄器，以及比往常更精密的功能 MRI 掃描儀器。利用這些精密設備，瓦格得以一窺人腦極細微的運作過程。

瓦格看到了什麼？我們讓他看見的複雜圖像變得簡

單易懂：假設有位你心儀已久的女孩，有天主動跟你說她的電話號碼，你當時可能太緊張，沒抄下來。幾分鐘後，甚至一、兩天過後，你仍然記得那組號碼的機率有多高？你很可能記得不完整，因為太多不相關的事情在這段時間一一進入你的大腦，像是接了幾通電話、同事跟你閒聊、眼前螢幕跳出某個廣告、不斷作響的簡訊通知等等。這些事都跟你想記住的電話號碼毫無關聯，無關的事太多，讓你的工作記憶區（即允許你同時記住好幾件事情的大腦區域）負荷超載。

人腦的工作記憶區容量有限，通常一次只能處理三、四件事情。

瓦格將工作記憶區比喻成一家高檔夜店：很多人想要進去，但很可惜這裡一次能接待的客人就只有這麼多。當然，要想解決這個空間有限的問題，有個辦法就是蓋一家更大的夜店（就是提升你同時記住更多事情的能力）。不過，這對大多數人來說真的很難，因此常常受限於有限的工作記憶。

瓦格表示，更好的辦法就是聘請一名高大、身材魁梧的門衛，在門口擋住想要進去的人潮，好讓夜店裡的

人能玩得開心。換句話說，假如你想要記住一些重要事情（比如那名女子的電話號碼），你必須從一開始就把其他不重要的事情擋在門外，不讓它們進入你的記憶空間裡。這就要借助於你所設定的使命與目標了。倘若你沒有預設使命和目標，當訊息湧入，就難以辨別哪些事情重要、哪些不重要。

事實證明，為自己設立明確目標（例如在未來三個月內減掉五公斤），可以讓你的大腦清楚知道，應該將哪些不必要的刺激擋在外面。一旦將目標設定好，大腦內名為「蒼白球」（位於基底核）的區域，就能扮演注意力的守門員，幫助你專注於目標，同時過濾不相干的誘惑。

據瓦格說，**一旦設定了想要實現的目標，不管你實際的工作記憶容量有多大，你的大腦都更能幫助你擋掉轟進來的「高射炮」，不讓它們阻礙你實踐目標的意念。**你會發現自己在做事時，更能夠進入正念。

但如果你只是有個想減肥的模糊念頭，卻沒有設定具體的目標，你的大腦就不會幫你過濾來自外部的刺激。這意味你可能會不經思考，就把一堆巧克力塞進嘴

裡。[2] 結果，減重不成，反而徒增壓力。

人腦一次只能全神關注一件事，同時處理多項工作只會讓你產生巨大壓力。當下只專注一件事，你把這件事做好的機率會大大提升，這是一個自然法則。

你可能會想：「說得倒輕鬆，我負荷過重，是因為必須完成所有事。我白天有份全職工作，晚上要上課，還要擠出時間來處理家務，我的男友總是抱怨我沒時間陪他，還有我的媽媽，我常想打電話給她，卻始終抽不出時間，對周遭的人，我時常內心滿懷愧疚。」

想想你認識的人當中，有多少優秀人才正因為負荷過重，飽受壓力之苦？他們有可能是不知道如何拒絕，或是覺得自己無法拒絕。他們的思考模式認定人生就是有著持續不減的緊迫感，而他們對這種緊迫感上了癮，即使這種癮讓他們受盡折磨，卻根本停不下來。也許你也是其中之一。

與凡事緊迫剛好相反的思考模式，是要事第一。有些事情就是比其他事情重要。若你能夠認清這點，並開始對其他不重要的事說「不」，你生活裡的壓力將會大幅消減。

解壓技巧

事情太多做不完？寫下兩、三件必須今天完成的最重要事項，務必排進今日行程。然後，將其他事情統統忘掉或延後。

　　布拉肯曾是大學足球校隊成員，他很早就發現運動員生涯是一場又一場的戰役。妥善準備不可或缺，但球場上有這麼多人或攻或守，迅速做出各式回應，採取各種行動，其中大部分是無法預測的，往往不出零點零幾秒，就能把你擊垮。其實，每個人的生活也是這樣。

　　當年球場上的他們，是如何學會應付這個難題？教練告訴他們，每個人都有他的主要職責與次要職責，千萬不能為了次要職責而犧牲主要職責。

　　布拉肯的主要職責是阻擋敵隊後衛，以避免四分衛遭受攻擊。當然，他還有其他任務，像是中鋒要是遭到擠壓，他必須出手幫忙。然而，他絕對不能因為這些次要工作，而忘了他的主要工作。

如果分不清哪些是主要工作、哪些是次要工作，就會試圖去做所有事情，並因此感到困惑。在足球場上，只要猶豫零點零幾秒，一下子搞不清楚自己最重要的任務，就完了。

　　此外，比起打球，課業也很重要，畢竟他們是在學的運動員。學業第一，運動第二。當時他們球隊裡有個很有天分的主力球員，被各界看好遲早會成為職業球員，但這位明日之星最後卻因學業成績不佳而被退學。布拉肯就讀的喬治亞理工學院是一所要求甚嚴的學府，這位年輕的明星球員顯然沒搞清楚自己的優先順序，最後只能黯然離開，原本眾所矚目的足球明星生涯，也因此中斷。

　　排出優先順序，會減少許多壓力。怎麼排序往往來自你的價值觀，找出人生最重要的事，對次要的事情說「不」，就可避免複雜生活帶來的焦慮。

　　你的確有多重角色要扮演、有許多重要事情要處理。然而，這並不能改變「某些事就是比其他事重要」的自然法則。關鍵在於排出優先次序，並問自己一個問題：「我現在必須專注在哪幾件最重要的事情上？又有

做自己心智的主人

哪些事情是現在不必關注的？」

　　回到瓦格的研究：專注在少數幾個、甚至一件最優先的事情上，是把事做好並減輕壓力的關鍵。

◗◖ 別為小事忙得團團轉

　　一個世紀前，汽車引擎的高溫往往會導致燃油過熱變成蒸汽，由於蒸汽無法通過燃料管線，使得引擎無油可運轉而熄火，這種現象叫做「氣阻」，一旦發生當然會讓人十分氣惱。在燃油噴射引擎還沒問世前，開車的人遇到這種情形，只能停下車，等一切都冷卻後才能重新發動汽車。

　　你可能也像這樣，有十幾件事得在一天內完成，或是一年內要完成上百個目標。在這種「過熱」的情況下，你很可能發生「氣阻」現象，即實際完成的事情很少，而且沒有一件事情確實做好，也無法繼續前進。一次肩負太多目標或任務，是許多企業倒閉的原因，這也可能是摧毀你的禍因。

　　有些人或許是責任感使然，總想兼顧一切，因而形

成凡事緊迫的思考模式，他們把每件事都當要事，讓自己長時間處於高壓之下。要事第一的思考模式，可以幫助他們清楚認知，有些事就是比其他事重要，應該優先完成，因為這些事才真正有助於達成任務或實現使命。

成功學大師柯維教導世人的一個重要習慣就是要事第一。當你因為許多小事忙得團團轉，你的人生大事就岌岌可危了。

有個鄰居很喜歡園藝，每逢休假，他總是信誓旦旦說要清理花園、修剪果樹，或是種株玫瑰。但他從未完成任何一項，而且一直為此感到很大的壓力。他為什麼做不到呢？

每當他準備依計畫行事，他總會「碰巧」看到其他事需要完成，有時他會注意到路邊長出一些雜草，有時則發現柵欄需要補上油漆，於是他停下來，到這裡除草，到那裡塗漆，等回過神來，一天已經過去，什麼事都做了，卻永遠無法達成最初設定的目標。

如果能夠對要做的事排序，就會優先做好最重要的任務。把目標擺在完成優先事項，就不會將心思放在其他不緊迫的工作，也不必總是為了那件被自己擱置未處

理的事，而感到壓力沉重。

排出優先順序，不需多嚴苛的自律管理，只是需要適當規劃。埋頭苦幹，不如有目標的做事來得有價值。

建議每週撥出約 30 分鐘，好好想想對你來說真正重要的事，以及那一週你必須處理的少數幾件優先事項。如果沒有計畫、沒有深思熟慮過的優先事項想要達成，你就像撞球檯上的球一樣，無助的承受各種撞擊，飽受壓力折磨。

以色列魏茨曼科學研究院（Weizmann Institute of Science）的神經生物學家，為了觀察大腦的活動，給受試者看動物與其他物品的圖片，並請這些人將圖片分類。例如，當受試者看到狗的圖片，就把它歸在動物類；當看到公車圖片，就歸在非動物類。

由於照片展示的速度很快，一張接一張，研究人員發現一件非常有趣的事情：當受試者忙著分類，大腦裡專門處理判斷、決策與省思的部分（即前額葉皮質區）幾乎整個停工。換句話說，當你忙著處理一件件工作，就完全沒有任何空間留給更為深層的分析思考，事實上，他們甚至察覺不到周遭發生的事情。

如果你總是一個任務緊接著一個任務，不停的做，從不花時間思考工作的價值和意義，是會出事的。大腦前額葉皮質區不僅負責內省，也負責規劃和決策，當你陷入瘋狂忙碌的生活，每天充斥各式各樣的待辦事情，你的焦點分散，沒有經常停下來評估自己在做什麼，以及為什麼要這麼做，一心只想做完所有事，長此以往，你遲早會碰到「氣阻」，花時間做了許多事，實際完成的卻很少。

雖然有許多好事可以排進你的行程表，但它們卻不全是最好的事。正如柯維說的，你必須決定什麼對你最重要，如此你才有勇氣，可以心情愉悅且毫無歉疚的以微笑對其他事說「不」。你能夠做到這點，是因為你內在有個更大的目標想要達成。要知道，「最好」的敵人往往是「好」。[3]

承諾自己，從現在起，每天花 15 分鐘，或每週至少撥出 30 分鐘，去反思自己的人生目標，並將你日常所做的每一件事，都調整到跟你的終極目標同步。

想擺脫壓力，就要下定決心做到要事第一。以下練習可以幫助你達成。

自我鍛鍊 ▶ **如何做到要事第一？**

　　這個練習的目的，是為了幫助你訂出優先順序，找出真正重要的事，不再因為必須做的事太多、卻又做不到而產生壓力。

　　前面章節曾問過：「在過去一個月，你曾感到自己很難處理好所有該做的事嗎？頻率有多高？」如果你的回答是「有些頻繁」或「非常頻繁」，表示你正經歷極大壓力。你的目標是要「幾乎沒有」，甚至「完全沒有」。

　　每週重讀一次你的使命宣言，並回答下列問題：為了完成使命，有哪兩、三件事最重要，是本週必做的？寫下來，並排進你的行程表。這些是你本週的「必辦事項」，其他事全是次要的。

09

從為贏困擾到和諧共好

對所有人謹守誠信與正義的原則，

努力與所有人和諧相處。

——美國第一任總統喬治・華盛頓

壓力源往往來自我們生活周遭的人。

「我的老闆一直找我麻煩。」

「那個客戶煩了我好幾個星期。」

「真希望我媽別再管我。」

「我的孩子一直吵我，真想叫他們到外面去，等我

忙完了再回來！」

因他人引發的困擾，有可能是受對方逼迫或感覺被人騷擾，也意味與人相處出了問題，可能你們很容易意見不合，有時甚至會大打出手。跟人處不好，是現代人最常見的壓力來源之一。

●● 把人逼到輸家的境地，最後吃虧的是自己

如果職場上有人找你麻煩，嚴重到你覺得受到威脅或霸凌，你可以求助人資部門。不過，大多數時候，我們遭遇的日常困擾都是出自人類的競爭天性，像是爭奪地盤、捍衛領土、面子問題，以及長久以來的恐懼，害怕喪失優勢、輸掉比賽、丟了面子、輸了交易、失去工作，或只是單純的落敗。沒有人想當輸家，當今社會壓力的特徵之一，就是人們為了「贏」而遭受太多折磨。

在我們的社會裡，人人都想拿第一，任誰都想擁有一份錢多事少的好工作、住最高級的豪宅、開最好的車子、穿最好的華服、賺最多的錢、有著最成功的子女、在田徑場上拿到最高分或是高爾夫球場上推桿數最低。

我們都怕輸，但這種恐懼是基於錯誤的思考模式：

做自己心智的主人

人生是一場贏家和輸家的惱人競爭。在現實人生裡，像運動場、法庭或是競標商業合約這類高度競爭的場合非常少。**在人生大多數的重要領域，競爭毫無意義。**舉例來說，柯維曾說：「問在你的婚姻裡誰贏了？這是個荒謬的問題。如果夫妻不能夠雙贏，兩人都是輸家。」[1]

如果你跟同事一起合作某個案子，你真的希望他們輸嗎？如果你跟別人談生意討價還價，你真的希望對方輸嗎？若是他們真的輸了呢？下次你需要與他們做生意時，會發生什麼事？如果你跟父母爭吵，他們吵輸，你心裡會比較好過嗎？當你讓對方感覺自己是輸家，你們之間的關係會變成怎樣呢？你會發現自己的壓力指數反而升高了。

迫使別人輸給自己，他們或許一時屈服，但未來你很可能要為此付出代價。更糟的是，你把人逼到輸家的境地，最後吃虧的是自己。

這就是為什麼柯維提出的雙贏思維，對於減低壓力如此重要。在你贏得美好人生的同時，也要幫助別人贏，這比擊敗他們更讓人高興。

1943 年 12 月，某個寒冷的日子，正值第二次世界

大戰打得如火如荼之際，駕駛轟炸機的美國飛行員查爾斯·布朗（Charles Brown），朝著他機翼方向，與後方的德國戰鬥機飛行員四目對望。他心想「這真是一場噩夢」，他已準備受死。此時他的飛機已經被敵機射得千瘡百孔，無力反擊。

與布朗四目對望的是德國飛行員史法蘭茲·史帝格勒（Franz Stigler），因美軍參戰吃盡了苦頭，他大多數的同袍飛行員都死於美軍之手，他哥哥也是給美國人殺死的。當他看見那架美軍轟炸機低空飛行，就飛近它，準備擊落對方。

但當他和那名美國飛行員對望之際，意想不到的事情發生了。他鬆開了扳機上的手指，對布朗點了點頭，示意對方跟在他的後面，一路護送布朗飛越北海，並在折返德國前，向布朗敬禮致意。

即使在一場可怕的戰役當中，在那一天，這兩人都同時「打贏了」。他們在戰爭中倖存；五十年後，兩人再次相遇。他們在晚年時找到了彼此，並成為非常要好的朋友。史帝格勒成為成功的生意人，布朗則擔任救援隊員，幫助世界各地的人。[2]

這則故事證明了雙贏是可以達成的，即使在這種非爭個你死我活的最糟情況下。採取雙贏心態，可避免為了擊敗對方伴隨而來的壓力。如果你碰到每種狀況，都堅信人人必能從中獲益，你就能避免因他人而產生的困擾了，而且幾乎跟每個人都能夠和諧相處。不僅如此，你還可以因為自己內在的和諧而受益。

●● 放下個人榮耀，為團隊爭取勝利反而壓力小

布拉肯分享他的雙贏經驗。在美式足球裡，輸贏非常重要。在競爭激烈的球場上，榮耀往往落在最引人注目的球員身上，像是技高一籌的傳球手、跑得最快的球員、天賦異稟的外線衛，對觀眾來說，沒有這些人做不到的事，他們能夠迅速撿起漏接的球、有效阻截敵隊球員，或在比賽關鍵點上擒殺四分衛。人們為這些「贏家」瘋狂，他們知道你的球衣號碼，他們為你尖叫。

布拉肯曾是那些外線衛之一，他很喜歡這個位置，也帶給他榮耀。然而，教練知道他的肩膀受過傷，繼續留在這個位置，很容易再次受傷。有一天，教練把他拉

到一邊說：「我們有個天賦異稟的年輕球員，他來打這個位置會做得比你更好。我們需要你到進攻線去，這樣你對球隊的貢獻更大，而那傢伙在你的位置上會做得更好。」

這對布拉肯來說，是個很大的打擊。他覺得這太不公平了，換位去進攻線，就不再像以前那麼重要，他一點都不想改變。

教練對他說：「你想要下場比賽，還是乾坐在板凳上？你想要貢獻出自己最好的一面？還是死抓著某個別人可以做得更好的位置不放？」

雙贏心態能夠帶來喜悅，但布拉肯並非一開始就坦然接受。比賽進行時，他吃盡苦頭，手指弄斷、挨別人打。他經歷許多痛苦幫助球隊贏得勝利，但觀眾台上沒有人真的知道他為球隊犧牲了這麼多。然而，他後來了解到，整個團隊的勝利遠比個人的榮耀偉大，因為許多個人榮耀是靠別人的犧牲換來的。

在大多數球隊裡，總有兩、三個球員坐在板凳上。他們有才華，也有能力，可是不懂雙贏的道理，不知道為終極目標付出貢獻，遠比緊抓住個人榮耀偉大。

奇怪的是，當布拉肯全心全意投入，為整個團隊的勝利付出努力時，感受到的壓力反而沒那麼大了。他不再像之前趾高氣昂守在球場邊等待大展身手的機會（或坐在板凳上）時，那樣的飽受壓力。要為團隊而戰，就必須投入最佳精力去爭取勝利，此時的他，反而變得生龍活虎，而不是整個人神經緊繃。

常因他人作為或表現感到困擾的人，把人生當作戰場，以為每個戰役不是贏家就是輸家，必須競爭，不然就無法生存。可是，對於擁有和諧思考模式的人，人生並非一場競賽。人人都可以贏，沒有人必須因為你想贏而輸。

你要如何達到雙贏呢？這個過程並不容易，但這概念很容易懂，那就是去發現對方想在哪方面贏。你可以開口問對方，或在談生意前，做足功課了解對方。找出對方對贏的定義，盡可能愈具體愈好，你或許會發現，你們對於贏的看法其實不會相差太遠，換句話說，你們有機會達成雙贏。

●● 好市多如何創造共贏？

零售巨頭好市多（Costco）是近年來非常成功的一家企業，以多樣化商品與良好品質聞名。但銷售優質商品的店家很多，到底是什麼原因，讓好市多在競爭激烈的零售業勝出，創造出奇蹟般的成功故事？

絕大部分原因來自一個非常簡單的做法：慷慨的退貨政策。大多數的商品，只要顧客提出退貨要求，好市多幾乎連問都不問就照辦。這種做法意味著顧客在好市多買東西，完全不必擔心自己會吃虧，或淪為輸家。

你可能覺得好市多這麼做豈不是讓自己陷入輸家的處境？顧客應該會經常跑去退貨吧？經營企業哪能用這種方式呢？因為好市多信任顧客，認為他們做的是正確的事，反而讓這家公司奠定同業難以匹敵的競爭優勢，那就是一大群死忠的顧客，這些人除了好市多不會想到其他地方買東西。成功留住顧客並創造忠誠的客源，好市多與顧客共創雙贏。

此外，好市多也是全美最佳雇主之一，它給員工的薪資遠高於其他零售業者所付的酬勞。有些好市多的股

東一度非常擔憂，但長遠下來，他們看到這個做法，反而讓公司創造出史無前例的高投資報酬。

好市多執行長克雷格・傑利尼克（Craig Jelinek）表示：「我們知道，企業支付員工優渥薪資是天經地義的事。我們不去縮減工資，因為我們知道長遠下來公司反而獲利：員工離職率低，他們的工作效率、投入心力與忠誠度也都非常高。」[3]

在商場上，好市多是共贏思維的絕佳典範，在這家企業裡顧客、員工和股東，人人都是贏家。

同樣的原則，也適用在個人的生活。想想你的人生中，要怎樣才能在你贏的同時，也讓別人贏？如果你習慣幫助別人贏，這是不是意味你和他們的壓力都會變少了？與人共創多贏，這是值得每個人學習的人生功課。

然而，也有些情況非常惡劣，誰都不可能贏。這時最好的辦法，就是走開，亦即柯維說的：追求雙贏，或好聚好散。

不過，幾乎在所有你和他人的互動中，雙贏都是可能達到的。如果你想要解脫壓力，現在就下定決心採用雙贏思維。以下練習可以幫你做到。

自我鍛鍊 如何達成雙贏？

這個練習的目的，是為了幫助你減低與他人相處時的壓力，確保每個人都能夠「贏」。

前面問過：在過去一個月，你曾感到你的人生正逐漸喪失優勢嗎？頻率有多高？如果你的回答是「有些頻繁」或「非常頻繁」，表示你正經歷極大壓力。你的目標是要「幾乎沒有」，甚至「完全沒有」。

與他人合作時，問你自己：「在這個情況下，我所謂的贏是什麼？」然後，找出對方所謂的贏是什麼，直接問或是設法找出來。

10

從社交焦慮到有同理心

如果你們了解彼此，就會善待彼此。

了解一個人就不會走向仇恨，而且幾乎每次都走向愛。

——諾貝爾文學獎得主約翰·斯坦貝克（John Steinbeck）

同事跑來向你哭訴，說她剛被解雇了。她低聲對你說她受到多麼惡劣的待遇，整件事又是怎樣不公平。她問你該怎麼辦？她還有家人要養。

聽完之後，你也開始感到壓力。你覺得難過、憤怒、無助。但你又能做些什麼？

此時，電話響起，客戶打來投訴：「你們這些人是

怎麼做生意的？為什麼每件事都做不好？我花錢還得受你們的氣？我要退貨！」現在，你感到壓力指數衝破天花板了。

人生似乎總是這樣，我們給彼此壓力，卻又難以避免因此感到焦慮。當你遇到個性不合、性情差異過大的人，如果只是意見不同，採用雙贏思維，尋求共好，往往會有不錯的成效。但如果不只是意見相左，而是更深層的差異，該怎麼辦？如果爆發情緒性衝突，又該如何處理？

◖◗ 如何避開情緒風暴？

社交壓力十分複雜。職場通常讓人極度不安，當中充滿各種情感風暴，常讓人不知該如何處理。更何況，我們還有朋友、父母，以及子女的問題要傷腦筋。帶給我們最大壓力的，往往就是這些與我們最親近的人。

究竟該如何處理人際關係中錯綜複雜的壓力？有效方法之一，就是善用你的同理心。同理心是人際關係中一項重要原則。有了這樣的思考模式，你會站在對方的

立場，設身處地了解他的想法和感受。

同理心和同情心不一樣，這兩者常被人混淆。同理心是理解別人的感受，而同情心則是替別人感到難過，進而安慰他們；同理心是理解別人的想法，而同情心則是認同別人的想法。

有高度同理心的人，遇到同事哭訴剛遭解雇，會說：「妳工作沒了一定非常痛苦，妳覺得受到不公平待遇，也擔心接下來自己和家人不知道該怎麼辦……。」若是出於同情心，你會說：「妳工作沒了，我覺得好難過；他們對妳真不公平。我敢肯定，妳一定會很快找到工作。像妳這麼優秀的人，絕不會失業太久的。」

有別於同情心，同理心不需要你去認同別人，也不需要你去解決別人的問題，更不需要去「修補他人失去的」。但你必須仔細、恭敬且耐心的聆聽，讓對方知道至少有個人真正了解他的感受。

同理心是投入全然的正念，你要全心投入在此時此刻，可以減輕你因為想著過去與未來所產生的壓力。你不必擔心過去發生什麼事，反正那已經結束了；你當下該關注的是，了解眼前這個人目前的狀態，而不是他先

前的狀態。你也不必擔心跟對方談完之後會有什麼結果，因為當下的你只是聆聽，感同身受，設身處地去理解對方的感覺與想法。

● 知己知彼，不自作聰明

同理心會排解事件帶來的壓力。只要有一個人（就是你）能以同理心聆聽另一個人，就能產生這樣的效果。當你這麼做時，你展現的正是柯維提過的高效習慣之一：知彼解己。

柯維指出，要建立這個習慣，需要先徹底改變思考模式，因為我們通常習慣先求自己被人理解。[1] 多數人不是抱持想要了解他人的心態去聆聽，而是抱持著想要回答的心態去聽。他們要不是在說話，就是在想著下一句要說的話。他們用自己的思考模式去過濾每件事，把他們的自傳套用到別人的人生。

當你試著處理他人的問題，這種思考模式會帶給你焦慮：你覺得自己多少有責任要幫助他們。或許你覺得本身有過類似經歷可以幫助他們：「我告訴你呀！之前

我工作沒了的時候,我是如何走過來的。」或許你認為他們需要你的建議:「妳就回去跟老闆嗆,說妳不會讓她輕易得逞。」或許他們希望你攬下他們的問題:「讓我看看能不能跟老闆談談這件事,她不能像這樣隨便把妳開除!」

上述不管哪一種回應,都只會徒增你的壓力。

有研究指出,女性往往比男性更容易吸收周圍的壓力。愛達荷州大學心理學教授瑪莎・肯茲洛(Martha Kitzrow)說:「女性從小就被教導要關注他人的情感需要,設法滿足所有人,這讓女性更容易受到他人壓力的影響。我們希望成為他人的支柱,但到頭來我們身上承攬了太多為他人謀幸福的責任。」[2]

相反的,**抱持同理心不會產生焦慮,而是產生理解,而這通常是人們最需要的。**你要如何運用同理心呢?

耐心聽朋友說話,不要打斷對方。從心裡排除必須回應的念頭,你不必回應,不必負責。對於他的遭遇,你沒有任何責任,只需試著感受他當下的感覺,去理解他說的每句話。

◖● 理解他人不必有壓力，必須認同才有壓力

你的同理心會對她產生巨大影響。你成了她的共鳴板，反射出她自身的想法和感受，這樣一來，她就可以著手解決這些問題。有趣的是，她甚至會開始跟你一起思考要如何邁向未來、找到新工作，以及如何處理她失業後引發的風暴。屆時，你的建議也許可以幫上忙，但不是現在。

至於那位憤怒的客戶，請你耐心聽他說完，但別讓他左右你的回應。如何讓對方感受到你是真心想要理解他的想法和感受？你只需適時重述他說的重點，讓他知道你是否理解他。你不必認同他的觀點、同情他或是順從他的要求，就能做到這點。此時此刻，你要做的就只是理解他。你可能會聽見客戶聲音裡的壓力開始紓解，因為他意識到跟他說話的人了解他。最後，你們或許就能擺脫焦慮，達到雙贏。

我們之所以會對社交感到焦慮，是因為我們以為必須出面干預、必須解決他人的問題，以及必須修復對方的困境，這往往讓我們感到無助。

解壓小技巧

下次你跟別人談話時，讓自己全然投入對方的世
界。不要說你自己的任何事情；只是用心聆聽他
們在意的事情、他們的規劃、他們的世界。任何
想要幫助、建議或分享「一點淺見」的念頭，都
拋諸腦後！你會驚訝的發現，原來單純的聆聽，
竟能減輕你極大的壓力。

　　抱持同理心的思維讓我們看到自己真正需要做的，
就只是了解他人的想法和感受。你的任務很簡單，只需
聆聽對方，不必進行任何修復。

　　生活在當今如此動盪的世界，我們比以往任何時候
都更需要同理心。有個了解自己、真正懂得自己感受，
並理解自己的人，可說是一份最棒的禮物。

　　但不幸的是，我們的同理心卻似乎愈來愈薄弱。有
研究發現，大多數人給自己的同理心評分，比上個世紀
的平均分數還要低，尤其在 2000 年後大幅下降。這很

可能是因為網路時代，人際互動愈來愈疏離的結果。跟上一代相比，有更多人選擇獨自生活，也更不願意跟群體一起活動。[3]

同理心銳減，造成社交焦慮增高。這說來諷刺，因為現今的科技讓人與人的聯繫更容易，也更即時。但社群媒體的興起卻反而產生矛盾的影響，人與人之間更少面對面接觸的機會。現代人的生活比以往任何時候，都更封閉，有人甚至稱此為「繭居生活」，如今，我們不再那麼需要當面溝通了。

「繭居」意味著我們退守到自己的私人空間，避免與其他人面對面接觸。我們覺得在自己的繭裡比較安全，非不得已不願脫繭而出。一旦我們習慣這種方式，會不會有一天我們再也無法面對真實世界的人呢？

若是各人自掃門前雪，只需管好自己的事，感覺上壓力好像比較小，但事實上，有研究指出，繭居反而會增加我們的壓力。社會疏離會改變某些荷爾蒙生成的方式，進而傷害我們的大腦。這些改變會導致焦慮，甚至變得更有敵意。[4]

隨著人們愈孤立，同理心也就愈退化。心理師與焦

慮專家奈格‧凱菲（Negar Khaefi）指出：「他們沒有給自己學習如何與他人有效互動的機會，而對抗社交焦慮的方法中，最重要的就是學會善用同理心。」

布拉肯在輔導少年觀護所的青少年時，就是充分運用他的同理心。布拉肯在商場上成功後，希望對社會有所回饋，於是他志願到少年觀護所擔任導師。那裡的青少年被關在只有一扇小窗的牢房裡，其中不少人已經被關了好多年。

起初他以為只要到那裡教他們循序漸進改變，他們終會洗心革面。他希望讓他們看到他的成功故事後，會想要複製這樣的模式。所以，他每次去總是滔滔不絕說個不停，談什麼是成功，以及如何翻開人生新頁，進而圓滿自己的人生。可是，這麼做完全沒有效果；他的精采人生，還有累積的智慧絲毫引不起他們的興趣。

每位父母都知道那種感覺，任何曾經用盡各種方法努力影響別人的人也都懂那種感覺。生活裡沒有什麼比跟別人相處更有壓力了，尤其是當對方無法達到你的道德期許。

布拉肯告訴妻子他的無奈，她告訴他，除非他完全

融入那些男孩的世界，真正了解他們的過去，不然絕不可能贏得他們的心。她說：「等你真正了解一個人之後，他們才會開始了解你。現在，他們不了解你的動機。除非你能真正了解他人，否則改變不會發生。」

◐● 與人建立連結的第一步

於是布拉肯開始全然融入他們的世界，他把嘴巴閉上，只是聆聽。他會問：「你發生什麼事？為什麼會被關進來？你對什麼事感興趣？不妨多跟我說說。」問完之後就靜靜聽他們說。

沒多久，布拉肯就完全體會妻子跟他說的道理。在這之前，他一直努力想要變成他們的導師，卻完全不了解他指導的對象，一味給他們不想聽的建議與意見。他本以為他們自然而然就會信任他，但在他們眼中，他只是「某個成功的生意人」，刻意放下身段來探望他們，分享他的「智慧」，藉此讓他自己好過一點。布拉肯了解到，這些年輕人從小到大受盡他人背叛，已經無法相信任何人。

以最棘手的荷西為例，十八歲的他被判了五年刑期，即將獲釋。他的個性冷酷無情，可以毫不遲疑就殺死敵對幫派的人。關於這些，布拉肯是透過傾聽他說話才知道的。當時布拉肯並沒有因為荷西的無情而怒聲斥責，只是盡可能用更多的同理心聽他說話。

經過一年半的用心傾聽之後，布拉肯開始感受到荷西對他的信任，荷西開始想要聽聽他怎麼想，因為荷西知道他了解自己。有一天，荷西看著他，彷彿腦袋裡亮起了一盞燈。荷西說：「你是對的，我沒必要殺死或傷害其他幫派的人，其實我可以避開他們。」荷西出獄之後，上了社區大學，再也沒有回到監獄。

布拉肯從原先充滿壓力且毫無成效，變成打從內心歡喜，而且真的發揮了影響力。布拉肯下定決心仔細聆聽，不再想方設法解決對方的問題，光是這個改變就解除了大半的壓力。他後來試著將這樣的解壓技巧用在跟家人和同事的相處上。他認為，學會用同理心傾聽，是他這輩子做過最棒的事情之一，這麼做不僅是為自己著想，也是為別人著想。**唯有真正了解一個人，你才能贏得權利去跟那人分享自己的見解或教導對方。**

你在人群中也會感到極大壓力，或是覺得很難跟別人相處嗎？習慣對人抱持防禦心，會讓你愈來愈孤立。有個研究發現，「這樣的人會變得愈來愈往裡退縮。因為內心有太多的空間都用來維持自身的安全感。」

這份研究也指出，「同理心不會讓你往裡退縮，而是讓你能夠專注看著別人，體會到他們可能有的感受。倘若你深受社交焦慮之苦，你必須培養這項重要技能，具備同理心是你與他人真正連結的第一步。如果能善用同理心跟別人相處，你會發現焦慮指數開始下降。」[5]

當你愈來愈了解對方，就會覺得他們不再那麼具威脅性。要停止懼怕，關鍵是去了解。

如果你想要解脫壓力，現在就下定決心去知彼解己。以下練習可以幫助你做到。

自我鍛鍊 如何展現同理心？

這次練習的目的，是幫助你提升對他人的理解，進而減輕自身的壓力。

前面問過：在過去一個月，你曾感到其他人帶給你

焦慮嗎？頻率有多高？如果你的回答是「有些頻繁」或「非常頻繁」，表示你正經歷極大壓力。你的目標是要「幾乎沒有」，甚至「完全沒有」。

下次當好友找你談心時，花 30 到 45 分鐘的時間，展現你的同理心，好好聆聽。純粹聽對方說，心裡不預設什麼想法，只有傾聽和理解。集中你所有的心力去聆聽，只為了一個目的，就是理解。等完成之後，寫下你對下列問題的回答。

- 對方是誰？這次談話的主題是什麼？
- 盡可能一字不漏的描述對方說的話，解讀他的想法和感受。
- 描述你自己的思維如何遊走在「同理心型的傾聽」與「自傳式傾聽」（只聽見自己想法）之間。
- 描述對方如何回應你。

11

從自我防禦到開放多元

與我不同的人並不會使我變得貧乏，

反而會讓我成為更豐富的人。

——《小王子》作者聖修伯里（Antoine de St. Exupery）

　　這個世界充滿憤怒。辦公室的勾心鬥角，媒體報導憤世嫉俗，政客只在意拚選票，無心解決實際問題。很少有人願意真的信任什麼，不管對象是企業、政府或任何機構。我們每天為更好的生活打拚，內心卻常感到茫然。《富比士》指出，有高達 82％的勞工，不相信主管對他們是真的以誠相待。[1]

生活在這樣的世界，我們變得更易發怒，本能的壓力反應也隨時啟動著。憤怒原本是我們面對威脅時的自然反應，如果有人攻擊你，你可能因暴怒而反擊；在真正受到生命威脅時，甚至可以救你一命。但長期處於憤怒之中，卻會毀了你的身心健康。

柯維曾經說過：「追逐那條咬傷我們的毒蛇，只會讓毒液迅速流竄到全身。此時，想辦法把毒液排出體外才是上策！」[2]

◉◉ 接受不同意見，差異創造堅強

當有人和你意見不合、跟你爭辯，或者只是提出一個跟你不同的想法，你可能會興起防禦心。防禦心態的形式可能從溫和的心生不滿，到嚴重的互相對罵，更常見的反應就是壓抑自己的憤怒，繼而退縮。無論哪種情況，在某種程度上，你覺得自己的能力受質疑、立場受威脅、身分遭到挑戰。

由於自我防禦的思考模式，是引發壓力的顯著成因，已經有許多人投入相關研究很長一段時間。研究證

實，長期處於自我防禦的狀態，與高血壓、心臟病有極密切的關聯。研究人員也發現，防禦心態是造成工作壓力的主因之一。[3]

著名教育家暨情緒智商專家喬許・費里曼（Joshua Freedman）指出，當我們心生防禦且變得退縮，「我們會感到自己脆弱不堪，壓力更大，不再那麼有創意，也不再合群。這種反應可能使我們更加孤立、更不堪重負，繼而把我們推向更大的壓力。」[4]

想要捍衛自己領土是很自然的事，就像原始人幾千年來做的一樣。然而，時時巡邏你自我形象的邊界，只會帶來巨大的壓力。

事實上，還有比壓力更糟的後果。在你不由自主對抗不同想法以捍衛自己的過程裡，你等於拒絕了自己增廣見聞的良機。每個人都有獨特觀點，多數偉大企業、家庭或團隊，都是由形形色色、優勢與看法迥異的一群人組成。

正如費里曼所說，**如果無法跟意見相左的人合作，不只是愈來愈孤立，也會愈來愈沒有創意**。柯維也說過：「如果兩個人有相同的看法，其中一個就是多餘的。」[5]

這個世界到處都可看到實例，證明「差異造就堅強，相同造就薄弱」。但許多企業卻飽受「團體迷思」之苦，尊奉單一思維，通常是某個權威人士的想法，使得團隊裡的其他人不敢有自己的想法。每個成員都變得高度防禦，這樣的團隊很容易就分裂瓦解。那些故步自封的高階主管，最常講的一句話，就是「這不可行」，當聽見一言堂以外具風險的嶄新創意時，他們常有這樣的反應。

　　家庭壓力往往也是因為排斥差異：太多的婚姻因為逐漸失控的分歧而破裂；太多的親子關係飽受批評、敵意與憤世嫉俗的言論毒害。已故哈佛商學院教授克萊頓・克里斯汀生（Clayton Christensen）說：「我們從哈佛商學院畢業時，班上極大多數的人計劃擁有充滿喜悅與幸福的婚姻。但這當中卻有非常多的人後來離婚過兩、三次，他們的孩子不少隨著前任到遙遠的國家，由某個自己從未謀面的人撫養長大；他們的家庭狀況實在是痛苦的根源。當年我這一票同學，沒有人會計劃自己有一天要走上離婚這條路，而且過得不幸福呀！」[6]

　　防禦心是家庭壓力的典型原因，配偶說了一句話，

另一方的防禦心馬上升起。他們的對話就像這樣,「你遲到了。」「嗯,我得工作,你知道的。」「難道我就不用工作嗎?」「你那個也叫工作嗎?整天待在家裡又沒做什麼。」

配偶之間為了捍衛自己,再難聽的話都可能說出口。他們爭辯、意見不合、吵架,結果導致兩人漸行漸遠。很快的,防禦週期變成惡性循環。兩個曾經相愛的人都墜入防禦的思考模式,所有事都走樣了。

自我防禦的相反是開放多元,有這種心態的人樂於接納不同的人。自我防禦的人會抗拒跟自己不一樣的人,而有開放多元思考的人則樂見彼此的差異。自我防禦的人很容易指出差異,並視它們為威脅;但開放多元的人則會擁抱差異、理解它們,並從中受益。

如果你擁有開放多元的思考模式,在面對不同看法時,就不會產生巨大壓力。你反而會說:「你有不同的意見,我有必要了解。」如此坦誠的一句話,幾乎就可消除與人互動中產生的各種壓力。

如果你擁有這個思考模式,你會真心擁抱不同的人、看法和意見。一旦能夠善用彼此之間的分歧,不再

一味捍衛自己，你就能獲得創造性的解決方法，再棘手的問題也可以迎刃而解。這也是統合綜效的好處：結合兩個人的優勢產生的綜合效益，比各自努力獲得的效能還大。

● 愈防禦，愈受傷

規則只有一個：最棒的想法勝出，而且每個參與的人都支持它。

Netflix 的創辦人里德・海斯汀（Reed Hastings）因為厭倦了向百視達這間大型影片出租公司支付滯納金，於是想出了新的影片出租方式，對客戶更為方便，也不會讓客戶支付不合理的費用。海斯汀後來成立了 Netflix，並跟百視達談合作，希望能為兩家公司創造一加一大於二的綜效。但百視達對海斯汀的提議卻一笑置之，後來 Netflix 崛起，不斷威脅到百視達的生意，百視達還是未改變，經營上反而採更防禦的策略。他們從來沒想過，對方顯然有一些不同的東西，自己有必要去了解、去善用。最後，百視達破產，Netflix 蓬勃發展。

重重的防禦機制，使得問題愈來愈難以解決。誠如
EQ 專家費里曼所言：「重大的問題需要我們最具創意
的思維，以及尋求盟友的能力。建立良好關係的能力是
頭號條件，但我們正喪失這樣的能力。」[7]

你不妨換個角度想：創意需要開放多元的思維。如
果你把一群不同的人放在一起，你會得到迥然不同的看
法。這可能會演變成一場氣氛緊張的爭辯，也可能轉化
成一組高效能的創作團隊，完全取決於你的思考模式。

把火箭科學家、滅蟲專家和醫生聚集在同一個房間
裡腦力激盪，說不一定會發現消滅瘧疾病媒蚊的全新做

法。如果房間裡全是醫生，你可能找不出這樣的好方法。把農民、藝術家和化學家結合起來，你可能會得到一個無汙染城市花園的全新酷炫設計圖。不過，如果房間內全是農民，你可能不會得到什麼新點子。

布拉肯有段時間在一家全球頂尖的地毯和地板製造公司擔任行銷副總裁。這份工作壓力很大，因為必須不斷想出新點子，才能保持競爭力。當時他常失眠，整個晚上滿腦子想著該如何賣出更多地毯：公司有什麼獨特之處？來自別家公司的推銷電話那麼多，客戶為什麼要接他的電話？

後來，他找到的解壓方法就是尋求綜效，也就是從各種大量的來源裡發現最佳想法，這意味關注許多形形色色的想法，同時，真心了解客戶需要、渴望什麼。

他們的主要客戶都是商業建築的設計師和建築師，多數設計師是女性，也是聰明厲害的女性。他們於是針對這些女性客戶做了大量研究，了解她們的個人資料、喜好。他了解到自己的工作不只是賣地毯給她們，還要跟她們建立良好的情感連結。

在這家公司，同事經常一起合作，針對如何與這群

客戶建立良好關係，討論出許多想法。在一次討論中，掌管頂級品牌的業務副總裁鮑勃突然拋出乳癌議題。他愣了一下，納悶的想：乳癌跟賣地毯有什麼關聯？

原來，鮑勃針對這群女性做了一些研究。鮑勃發現，職業婦女往往更容易罹患乳癌，而且許多職業婦女都非常關心這個議題。[8]

所以，鮑勃和布拉肯去了趟德州，造訪致力於乳癌知識推廣與乳癌防治的蘇珊科曼基金會（Susan G. Komen Foundation）。他們詢問要怎麼幫助對方，並想出了一個計畫：他們每賣出一碼頂級地毯，就捐贈 25 美分給科曼基金會。

除此之外，他們招募了一群藝術家、作曲家與作家，共同思考如何提高人們對這種致命疾病的意識。這群人創作音樂、創作癌症相關的圖畫，也深深感恩能有這樣的機會，他們每週花好幾個小時跟這群人一起工作，後來變成非常要好的朋友。他們公司將這些歌曲與藝術創作製作成數千份的禮物，分送給客戶。

客戶的回響非常熱烈，並對他們品牌的觀感整個扭轉。客戶的感謝源源不絕，公司訂單跟著應接不暇，生

意蒸蒸日上。但更重要的，由於這項活動的宣導，他們有幾位客戶才發現自己有乳癌的初期徵兆。

該計畫持續多年，賣出成千上百萬美元價值的地毯；沒有這項計畫，他們可能永遠賣不了這麼多。這是尋求綜效的絕佳案例：他們做好事回饋社會，同時賣出更多地毯賺更多的錢，最重要的是，他們提升人們對此可怕疾病的認識，並募集到大量的防治資金。

布拉肯晚上不再睡不著，靠尋求綜效的原則，減輕了自己的壓力，同時提高公司的創造力與獲利。公司的人也都非常興奮，因為他們賣出的不只是地毯。

對於他人的創意想法保持開放心態，也是擺脫壓力的絕妙良方。喬治亞大學教授麥克・朗可（Mark A. Runco）指出：「發揮創造力的其中一項好處，就是減輕壓力。壓力與創造力之間其實有著緊密關聯。但富有創意的人往往也跟常人不同，不受常規限制，經常被追求一致性的主流大眾視為威脅。」[9]

假如政客們都能夠恭敬的對彼此說：「你看到的東西很不一樣，我或許應該進一步了解。」這樣一來，政府裡充斥的緊張對峙，就能變成解決問題的創意會談。

當家庭出現問題，問問配偶、母親、父親、子女：「你願意一起討論，看看還有哪些我們沒有想過的解決方法嗎？」整個家庭的壓力、怒氣與痛苦都會大幅銳減，也會更加齊心合作。

如果你想解脫壓力，現在就下定決心做到統合綜效。以下練習可以幫助你做到。

自我鍛鍊 　如何達成統合綜效？

這個練習的目的，是為了幫助你藉著與他人協同合作，進而減輕自身的壓力。

前面問過：在過去一個月，你曾感到自己防禦心很強或感到憤怒嗎？頻率有多高？如果你的回答是「有些頻繁」或「非常頻繁」，表示你正經歷極大壓力。你的目標是要「幾乎沒有」，甚至「完全沒有」。

統合綜效能夠減輕壓力，並提升創造力。在練習之前，請記住以下幾個指導原則：

- 當面對不同的意見或評論，覺得自己受到挑釁，

可以這樣說：「你看事情的角度很不一樣，我應該聽聽你怎麼說。」

- 以同理心聆聽，不評斷、插嘴或給意見。清空你內心的防禦反應、你的看法、你的故事，試著去理解對方的故事。

- 問對方：「願不願意一起探索其他的解決方案，找出一個更好的辦法？」

- 如果對方回答願意，跟他一起腦力激盪。綜合你們的最佳看法，找出兩人都可接受的解決辦法。

12

從緊繃不安到清淨寧靜

壓力來自你理想中的自我；

要想放鬆，你得做回自己，做能力所及的事。

—— 中國俗諺

　　照著本書說的去做，你的壓力指數勢必會一路下降。不過，我們無法保證壓力不會突襲你。這個世界無法預測：疾病、地震、戰爭、經濟衰退、意外、瘋癲的老闆、可怕的鄰居等等，這一切都不是你能掌控的，但一旦碰上了，可能會對造成很大的壓力。

　　因此，在這一章，我們會教你減輕這類壓力的絕佳

思考方式與技巧，在你已費盡心力預防，壓力事件卻依然發生時，就能馬上派上用場。

布拉肯在年幼時，周遭的一切都告訴他，他毫無價值可言。他的母親是在受人脅迫下懷了他，他不是出生在充滿愛的環境裡，年幼時，他總是餓肚子，四歲時，被丟到孤兒院，五歲時，有個年紀較大的男孩取笑他，並在他手臂淋上油，還點火燒他。當他的母親接他回去住並再婚之後，那位曾經點火燒他的男孩成了他的異父異母的哥哥。布拉肯的童年滿懷恐懼。

他的繼父經常打他、虐待他，鄰居的幾個孩子也常欺負他。他的異父異母哥哥把他當成人體標靶、教他抽菸喝酒。他在校成績也很糟。十五歲時，他無家可歸，因為他的媽媽把他趕出家門。[1]

然而，這一切苦難並沒有把布拉肯擊垮。他是怎麼做到的？他如何克服猛如狂潮的焦慮，成為今日陽光正面、充滿活力、熱愛奉獻的人？

布拉肯主動積極規劃自己的人生。早在十三歲那一年，他下定決心要跳脫那個黑洞。他並不是坐著等待奇蹟發生，而是非常努力去讓它發生。

他想像自己想要什麼樣的人生。一番深思熟慮之後，他記錄下自己的個人使命。他規劃了幾個長期目標，然後每天花幾分鐘的時間拿出來重新審視。這樣的反覆檢視幫助他專注：每天把最重要的事情排在第一順位去完成。

然而，儘管他已盡了最大努力，惡運卻未放過他。

布拉肯十八歲那年，接受去喬治亞理工學院打美式足球的機會，這是全美數一數二的大學，而且這支足球隊過去的戰績十分輝煌。布拉肯第一年表現很好，但到了第二年，卻遇到了麻煩。

春訓才剛開始，事情就不對勁。當他碰撞對手時，整個肩膀就會劇烈疼痛。他的肩膀開始整個移位，讓他痛得受不了。原來他之前穿的防護墊肩設計不良，這是個天大錯誤。

隊醫告訴他：「你的肩膀已經好不了了，我覺得你無法繼續踢足球。」

他的自我價值完全建立在足球場上的表現。他向醫生求情：「一定還有辦法的。」他實在無法忍受不能踢足球的念頭。醫生表示：「我們可以做一系列的手術，

把肩膀肌肉收緊，並將鈦釘鎖進你的肩膀，這樣或許有機會回來踢球。」他沒多想就同意動手術了。

手術過後，他的手臂被固定不能動，他因為疼痛，不斷嘔吐。就這樣過了幾星期之後，他的手臂還是不太能動，但這時換成另一邊肩膀要動手術。這次手術的結果一樣痛苦，也一樣難以忍受。他的體重掉了很多，多年苦練的肌肉全萎縮了。他覺得自己無能為力，第一次深陷憂鬱。

有天，朋友邀他去海邊。他們玩得非常開心，他內心卻十分痛苦。他感覺自己深陷地獄，悲慘到了極點。他望著大海，看著美麗的藍色浪濤起起落落，覺得自己想要擁有更好人生的希望，也像浪花落入大海一樣不復返。他感到沮喪和悲傷，他的人生爛透了，任何時候都不可能比現在更糟。

就在這個時候，一群海鷗從他頭上飛過，一大坨鳥糞落在他身上。

當下他明白了一件非常震憾的事實：如果自己依舊這樣自悲自憐，成天想著自己的人生有多麼悲慘，那麼終其一生都將過著鳥糞落滿全身的日子。在這個沙灘

上，他再次做了一個決定：**停止自憐，掌握人生**。他回到亞特蘭大，開始每天早上四點半起床，先游泳一個小時，然後再花一小時跑遍體育場裡所有的階梯。在他的室友起床前，他已經運動兩個小時。下課後，他也勤做復健，非常努力重拾失去的肌力和靈活度。

他的人生從此一路順遂了嗎？並非如此。

◖ 身、心、靈、腦同步提升

全心投入復健之後，布拉肯的進展卻相當有限，辛苦付出並未得到相應的回報。他感到非常沮喪。他跑去找教練：「我超想復原的，我真的已經非常努力了，實在不知道該怎麼辦。」

儘管對布拉肯來說，打球是他的唯一，但在教練眼中，他不只是個美式足球員，而且是個完整的人。教練仔細聽完他的憂慮，然後笑著說：「我要你去書店，買一個文件夾，在裡面放四個索引標籤，分別寫下腦、身、心、靈。接下來，我要你在每個標籤後放幾張空白紙，在上面寫下你在這些領域的目前狀態。全面檢視你

圖 12-1 成為一個完整的人

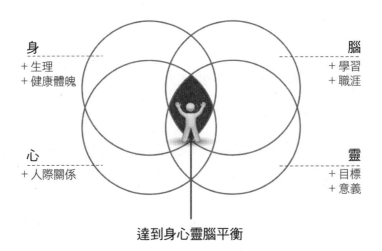

身
+生理
+健康體魄

腦
+學習
+職涯

心
+人際關係

靈
+目標
+意義

達到身心靈腦平衡

的現況，仔細看看鏡子裡的你。寫下你的腦（學習與職涯）現在狀態如何，同時寫下你的身、心、靈狀況。接著，再翻開新的一頁，寫下你一年之後想要到達的狀態。你的目標一定要具體、明確。最後，我要你每天翻閱這本文件夾；我希望你能堅持你想要達到的目標，並全心全意想方設法完成。」

布拉肯按照教練說的去做，想像自己想要成為的樣子，然後寫下幾個非常鮮明的目標。他每天花 15 至 20 分鐘翻閱那本文件夾，這麼做非常有效，幫助他朝著自己想要的改變堅持前進。一年之後，那本文件夾裡寫的每一件事都發生了，真的是每一件事！他的學業成績提高了，順利重回球隊，擔任先發選手。

自我鍛鍊 如何與自己對話？

這個練習的目的，是幫助你改變內心的自我對話，不再那麼負面，也不再那麼輕易誘發壓力。

把你的頭腦想像成是一台錄音機，按下播放鍵之後，會把昨天的舊想法播放出來。通常，播放內容充斥

負面、軟弱與自卑的想法，也包含許多一再重複的負面話語，像是：「不是、不行、不會、或許、永遠不會、要是這樣就好了、我不知道、我應該、我必須」等等。

現在，回想某個你腦中曾經出現過這類話語的情況或事件。如實寫下當時浮現的想法，不要美化它們。

然後，想出另一個不同的錄音內容，注入更多的正面訊息到你的潛意識。你不妨使用這類正面話語：「我是、我行、我會、我做得到。」

你要如何改變上述情況裡的自我對話，才能讓自己變得主動積極行事，而非被動消極？變得平靜，而非憂心忡忡？把這個更有自主權的自我對話記錄下來。

布拉肯曾努力想要掌控自己的人生，卻面臨威脅他整個計畫的嚴重傷害。他如何度過這壓力最大的人生階段？他改變自己的思考模式！他並未整個人緊繃、耽溺在悲情中，而是後退幾步，看清楚構成他完整人生的四個面向：腦、身、心、靈。他需要花時間去同步更新這四個面向。

清淨寧靜的思考模式，就是幫助我們磨利這四個面向，這意味定期持續以明智且平衡的方式去更新自己。

一名從未停下來磨鋸的木匠，他的鋸子很快就會鈍掉。同樣的，始終把自己繃得太緊的人，到頭來一定會筋疲力竭。對於那些身心靈腦始終緊繃的人，他們的世界就像個高壓的無底洞，爛攤子一個接著一個，他們唯一能做的就是努力存活下來。但清淨寧靜的思考模式會說：這世上本來就沒有壓力存在，每個人都可以選擇解除壓力，透過適當的使用「磨鋸」，磨利你的腦、身、心、靈四個面向。

實際做法並不困難，你很可能嘗試過其中幾項，只是你不知道這些方法的長期累積效應。如果你有運動的習慣，你或許可以體會所謂「身體清淨寧靜」是什麼意思；當你度過難熬的一天，深感疲憊時，你或許會聽聽自己喜愛的音樂，或是看書緩和平靜你的頭腦與心靈。

除此之外，以下推薦一些經證實非常有效的解壓妙方，你不妨稱它們為「磨鋸工具」，能在你感到壓力時，幫助你恢復能量，磨亮你的身、心、靈、腦。你可以嘗試部分或全都試試看。

● 腦的靜修練習

當你處於壓力狀況下，你可以利用以下練習，關閉你的壓力反應，讓你的內心清淨平靜。

意象導引：有些人稱為「觀想」（visualization），即想像自己身處某個放鬆的環境，並彷如身歷其境的巨細靡遺描述這個地方。

區平在課堂上，會請學生閉上眼睛，想像桌上放著一顆碩大、成熟又多汁的檸檬。他請他們盡可能清晰的想像那顆檸檬的模樣，包括它的大小、重量、質感、氣味。然後，請學生拿起一把虛構、但非常鋒利的刀子把檸檬切成幾片。拿起其中一片到鼻子前面，聞聞看，感覺汁液流得到處都是。最後，請他們大口咬下檸檬，一口接著一口，想像在咀嚼這顆酸檸檬時汁液噴出來。此時，望著學生因為酸味而臉部扭曲的表情，真是不可思議呀！

接著，他問他們有多少人覺得自己的口水直流，通常全班有一半左右的人舉手。這就是意象導引的威力。

當你覺得有壓力時，找一個舒適、不受打擾的地

方。然後閉上眼睛，想像某件令你開心的東西。想像它的樣子、品嚐它、聞聞它、觸摸它，運用到愈多的感官愈好。假裝你身處一片安靜的綠色樹林或某座山裡，或者在某個溫暖、陽光燦爛的日子，你正散步在沙灘上。想像一下，大海或是野花的味道，微風輕撫你臉龐的感覺，以及沙子的溫暖。

你會發現，整個身體安定下來，血壓下降、心跳變慢、眼睛不再抽搐，你的呼吸開始變深、變長，不再短暫急促。你會得到片刻的寧靜，從你的人生風暴暫時抽離一陣子。你的身體和內心都會重新充電，你將更能夠冷靜思考，進而解決那些引發你苦惱的問題。

布拉肯年輕時非常害怕失敗，他曾是頂尖大學足球隊的一員，他害怕自己會在場上搞砸，每次都擔心得要死。想到自己要在 8 萬名觀眾前對抗身高 180 公分、體重 150 公斤重，一心想壓扁他的對手，常讓他感到壓力破表！更糟的是，他身上還帶著傷，光是想到要上場比賽，就足以讓他產生巨大壓力。

幸好他碰到一位好老師，那就是研究人類和動物行為的心理學專家泰瑞・梅波（Terry Maple）。有一天上

課時，梅波教他們學習「觀想」的威力。

　　布拉肯私下向梅波尋求幫助，梅波教他如何想像自己在球場上成功的模樣。據梅波解釋，在實際上場前，**透過內在心智去強化表現，效果非常驚人。**

　　在球隊裡，有 120 場左右的比賽要牢記，每場都有 8 種不同的運作模式。每個星期，球隊都會事先詳盡規劃，為週末的比賽模擬對戰攻略。藉由梅波的幫助，布拉肯在賽前會在腦海中觀想攻略，想像自己實際比賽的過程。他會把房間弄暗，雙眼閉上，假裝眼前有個電影螢幕，然後想像自己在各個比賽中的奮戰過程。

　　有一次，他必須下場對抗田納西州足球隊。在比賽前一週，他觀想的每一個過程，居然在比賽當中都發生了。那一場比賽，讓他從三軍躍升為一軍。教練們說：「布拉肯，你是從哪裡冒出來的呀？你怎麼變得這麼厲害？」

　　從此，觀想成為他強有力的解壓妙方。他變得非常有自信，因為在他做任何事情之前，他早已清楚知道箇中細節。

　　研究指出，意象導引能有效緩解慢性疼痛、頭痛，

甚至氣喘。經證實,它對於藥物依賴成癮的人,以及表現變差的運動員也有所幫助。同樣的,如果你能經常運用的話,意象導引也會對你有所幫助。

放鬆呼吸:當身體的壓力反應啟動時,呼吸會變快、變淺,以便盡可能將更多的氧氣輸送到四肢,讓你在逃跑或戰鬥時更加靈活。在這種情況下,你的呼吸主要動用肩膀和胸部的肌肉。要想解除並穩定壓力反應,你得採用不同的呼吸方式。

首先閉上眼睛,專注在你的呼吸。嘗試用腹部吸吐氣,不要用胸部呼吸。緩慢深吸一口氣,讓你的橫膈膜向下移動,讓腹部凸起,你的胸部不需要有任何的起伏。把你雙手放在腹部,去感覺它的起伏。在吸氣與吐氣之間,嘗試憋住呼吸一下子。

如果你晚上難以入眠,試著運用這項呼吸技巧,同時想著你希望放鬆的特定肌群,就可以幫助入睡。

自我鍛鍊 **如何觀想隨著大海的節奏呼吸?**

這個練習的目的,是幫助你藉由深層的腹式呼吸,

體驗到放鬆的感覺。

躺或坐在一張舒適的椅子上，閉上你的雙眼，想像一幅美麗沙灘的畫面。把意識放在大海上，專注在平靜海浪來回拍打柔軟白色沙灘的過程。

每次當你緩慢的深深吸氣時，注視著波浪緩緩靠近沙灘上的你。當你吐氣時，望著輕柔的海浪退回大海。

在你想像海浪來回的節奏與你呼吸一致的同時，感受波浪輕撫著你、洗滌著你：吸氣時，從你的腳底一路到你的頭頂；吐氣時，則從頭部往下刷洗，再度回到你的腳趾。

持續緩慢且深層的呼吸，同時關注你的呼吸，感覺波浪的律動愈來愈慢，愈來愈輕鬆。當你觀察到這點時，放鬆你的下巴，將上下排牙齒分開來，隨著每一次吐氣，讓你的舌頭愈來愈放鬆。

持續跟著平靜海浪來回的節奏呼吸，直到你感到明顯的放鬆與舒適感。完成之後，緩慢的回到你原本的正常活動。

吟誦靜坐：如果你白天時內心變得焦躁，因為下午三點前，要交出一個企劃案；不只如此，稍早之前，你

在會議中說錯話，你得趕快去跟人道歉；你預約牙醫看診的時間剛好就是這個最忙碌的一天。你的大腦被這些事情塞滿了，整個打結，動彈不得，無法有效運作。

長久以來，正念練習對解脫壓力一向成效斐然，而且是經科學證實的。大量研究指出，正念練習時大腦會產生較多的 α 波（我們放鬆或睡覺時產生的電脈衝），以及較少的 β 波（感到巨大壓力時產生的電脈衝）。據我們所知，**正念練習對治壓力非常有效，能立即關閉壓力反應，讓身體進入療癒模式。**你不妨嘗試看看。

找個不會受人干擾的地方，坐在椅子上，選擇一個你想要重複唸誦的字詞，什麼字都可以。閉上雙眼，靜坐 30 秒後，開始緩慢、輕柔的在心中吟誦這個字，約莫每隔 3 或 4 秒重複唸一次，照這樣持續做個 10 到 20 分鐘。如果你的心思飄到別處，試著再把心思拉回，繼續吟誦。

接下來，停止複誦字詞，雙眼依舊閉著，再坐 1 或 2 分鐘，享受寧靜的感覺。別試圖馬上離開這平靜的時刻，給自己 2 到 3 分鐘的時間，再回到清醒的意識。每天重複一次。

自我鍛鍊　如何以簡單複誦做正念練習？

這個練習的目的，是要帶你輕鬆的開始做正念練習，以及如何善用正念覺察來減輕壓力。

最重要的是，別太用力。你不必把這件事想得太複雜，身心放鬆，就這麼簡單。

找個安靜、不受干擾的環境。舒服坐在椅子上（最好別躺下），閉上眼睛。盡量選擇一個噪音不大、光線微弱的地方，但也別太在意噪音，它們不見得會對正念練習造成影響，有些人在機場、車內、無聊的課堂或會議室等場所都能做。重要的是，你要照著接下來的步驟做練習。

首先把眼睛閉上，冥想 30 秒左右，與你內在的環境達到和諧。快速掃描你的全身，從頭到腳觀察身體各個部位此時的感受，但不試著去改變任何東西，只是被動的觀察，關注當下發生的事。

接下來，開始盡可能輕鬆且安靜的複誦某個字詞（不大聲唸出）。你選擇的字詞就稱為誦文。

- 建議使用的誦文包括：寂靜、放鬆、和平、虛空、平靜、安詳、沉默、寧靜等任何容易記住的字或詞（你選用什麼樣的字詞並沒有差別，你只需專心一意不斷重複）。
- 全心全意、一遍又一遍默唸，每隔 3 到 4 秒鐘重複一次。內心持續喃喃默唸，一遍又一遍，不理會其他想法。不必試圖以任何方式改變你的想法，只需專注在你低聲的喃喃自語。

當你發現自己思緒亂飄時（一定會的），只需慢慢把注意力拉回你的誦文上。你不必因為偶爾分心，就認為自己不適合做正念練習。重要的是在你發現自己心思亂飄時，能夠慢慢拉回。

每天大約做 10 到 20 分鐘（或至少每週三到四次）。正念練習的最佳時間是一早起床，以及晚上活動開始前的午後時光。為了加深你的感受，練習前可以先做瑜伽。

別把正念練習想得太複雜，它就如我們說的這麼簡單。你除了重複默唸誦文之外，其他什麼事都不必做。

別努力讓任何事情發生，你只需專注在誦文上。練習時你只有一個念頭：當你的心思飄走時，把它拉回到誦文，其他什麼事都不必做。

必要的話，坐在可以看到時鐘的地方。偶爾睜開眼睛看一下時間沒關係，隨後立刻閉上眼，回到誦文就行了。完成之後，慢慢恢復到意識清醒的正常狀態，恢復的過程至少要兩分鐘。千萬不要心急，否則你可能會覺得煩躁，那種感受就像是你從睡夢中，被鬧鐘或電話驚醒一樣。

做正念練習時，可能發生以下情況，都屬正常：

- 過程中，你的目標很簡單，就是重複誦文。如果可以很快放鬆很好，要是沒辦法也不要太勉強，只要回到你的誦文就可以了。

- 你或許會睡著，若真的睡著，那也很好。好好享受吧！這或許會是你近來睡得最沉的一次。正念練習時睡著，通常代表你需要更多的睡眠；此時正是你補眠的大好機會。當你從睡夢中醒來，務必要多花幾分鐘回到複誦誦文，並等兩、三分鐘

後再慢慢恢復到清醒狀態。否則你可能會覺得不舒服，就像你從睡夢中突然被電話鈴聲或某些尖銳聲響驚醒時的感受。

- 你的心思可能會四處亂飄，東想西想，不必氣餒，只需回到誦文上繼續唸頌。假如你的思緒源源不絕，不妨在思緒乍停的空檔唸幾句誦文。

- 偶爾（但不會很常發生）你的心會變得非常清淨寧靜。在這清淨寧靜當中，想法、洞見、靈感或直覺會湧入你腦中。此時你身邊最好先備妥紙筆，方能即時寫下腦中浮現的各種有趣念頭。有時候，在這段寧靜裡浮現的，恰好是我們當時人生階段所需知道或採取行動的。

請記住，正念練習的效果，不見得跟當下發生的事情有關，關鍵在於練習之後的感受。如果你感到更有活力、思考更靈敏，你的心更沉穩、更平靜、更快樂，這代表你的頭腦和身體都很享受這次練習，並且實際從中受惠。

◐ 身體的靜修練習

身體的清淨寧靜來自於運動和放鬆。當你處於壓力時，身體能夠靠著這兩件事得到紓解。

心肺運動：我們已經知道壓力反應是怎麼回事。驚覺蛇的蹤影時，大腦會發出「戰鬥或逃跑」的訊號，整個身體頓時啟動化學反應，一心一意只為了戰鬥或逃跑。除非警報解除，否則這個化學反應仍持續流竄全身，繼續使身體失衡。

多數人都知道心肺運動有益心臟健康，如走路、跑步、游泳等。此外，運動對壓力緩解也十分有效。飽受壓力的身體早就等不及要跑，何不讓它跑呢？這麼做似乎再合理不過了，事實上也是如此。運動能夠消耗壓力反應中流竄全身每條血管與每個細胞裡的荷爾蒙（腎上腺素和皮質醇），也能消耗多餘的血糖，並放鬆持續緊繃的肌肉，進而解除壓力反應，使你回歸體內平衡。本質上，如果你一整天不斷告訴自己應該逃離某個壓根不存在的威脅，你最明智的做法就是順從那樣的訊息，就跑吧，或是做你喜歡的有氧運動。

什麼才是減緩壓力的最佳心肺運動呢？答案很簡單，那就是任何一個你會持續做的運動。選擇兩、三種運動，每週做幾次。

當你感到身體緊繃、心情煩躁，你可以選擇慢跑。你不必一次就跑上八公里，不要過於勉強，尤其是剛開始運動時。你或許會找到其他更喜歡的心肺運動。像有些人討厭跑步機，但熱愛騎自行車；有的人則喜歡跳舞、複合式健身運動或網球。

開始任何一項運動計畫前，最好先確知你的運動潛力，並從一半的強度開始。比方說，如果你確信自己可以跑六公里，剛開始不妨先跑三公里。之後每次跑步，多加一點距離和強度（例如穿插一、兩段的衝刺，或是稍微加快速度）。

在你飽受一整天的壓力後，最不該做的就是坐著不動，任由壓力荷爾蒙流竄並損害全身。既然你飽受壓力，那就逃吧！暫時逃離那可怕的「毒蛇」之後，你會變得輕鬆、舒服，進而驚覺自己的轉變。

自我鍛鍊 **如何藉由運動解壓**

　　這個練習的目的，是幫助你看到心肺運動對減緩壓力的幫助。運動（特別是有氧運動或籃球這類強度較高的運動）能夠藉由移動來滿足身體想要戰鬥或逃跑的自然需求。

　　選擇一個可以讓你心跳加速，並可維持 30 到 60 分鐘的運動。在你感到極大壓力時（例如在某個重要發表會之前或之後，或是剛跟別人激烈爭吵後），去做這項運動。在你身處極大壓力時，與其看電視、喝啤酒或是坐在那裡鑽牛角尖，不如起身動一動，做一些強度夠大、偶爾讓自己上氣不接下氣、並大汗淋漓的運動。

　　運動完後，看看自己有什麼不一樣的感覺。引發你壓力的原因可能沒有改變，但你已經滿足身體的需求，爆發出一股巨大能量去平息戰鬥或逃跑反應。現在，你可以用更冷靜、更理性的方式去處理問題了。

　　每次做這個練習時，思考以下這些問題，可以的話，把回答寫下來：

- 想想那個帶給你壓力的情境。
- 在開始運動之前，你的感覺如何？你感受到哪些壓力相關的症狀？
- 你選擇什麼樣的運動或活動？
- 想想看你的身體、情緒和心理在運動結束時有什麼感覺。

瑜伽：大多數練瑜伽的人都說，他們的頭痛和背痛因此減輕了，而且有身心安頓的感覺。瑜伽已有幾千年的歷史，藉由一系列的瑜伽姿勢或動作，可改善人體的肌肉強度、柔軟度與平衡感。據說瑜伽姿勢有兩千多種，一小時的瑜伽練習，大概會做 20 到 25 種不同的姿勢：有坐姿、跪姿、站姿、有仰躺或趴下、用手支撐或用膝蓋跪地，姿勢變化無窮。

瑜伽對於減緩壓力幫助很大，可以放鬆心情和身體。藉由專注呼吸、維持某個姿勢，讓人更能抱持正念、忘卻一整天的壓力，並恢復身心平衡。

不管你是去上瑜伽課或到健身房上團體瑜伽，或只是在家裡看電視節目做瑜伽。以下建議供你參考：

- 每個姿勢至少維持 20 秒，時間愈長愈好。肌肉、肌腱和韌帶約需那樣長的時間才能伸展。

- 盡量伸展，直到你覺得沒辦法再伸展為止。從那個伸展點稍微放鬆一下，接著吸一口氣，設法再多伸展一點，然後吐氣，讓每一次的吸吐都能拉伸多一點。

- 千萬別讓自己伸展到會痛的地步。你應該感受到肌肉輕輕的拉伸，倘若會痛，表示做過頭了。照著自己的節奏做，不必跟別人比，每個人的身體結構不同，只需按照自己的速度就行了。

- 用鼻子緩慢的深呼吸，在你維持某個姿勢時，保持呼吸的順暢並深呼吸。

- 當你做某個動作或維持某個姿勢時，千萬不能夠憋氣。

- 練瑜伽時要空腹，吃飽飯再做會影響活動範圍，還會削弱你的能量。

- 專注當下，聆聽你的身體。做瑜伽是讓人活在當下的最佳時機，在這當中你可以仔細覺察自己的身體。

- 好好享受這個過程。練瑜伽可鍛鍊身心，在這過程中，你經歷到的正面壓力，應該都是愉悅的。

　　如果你沒有很多時間，昆達利尼瑜伽（Kundalini Yoga）中常見的基本練習「柯爾騰克里亞」（kirtan kriya）可有效幫助你。你只需花 10 或 15 分鐘坐在一個舒適的地方，反覆唸某個誦文就行了。誦文可以是個簡單的字，例如：「一」；或是吟誦「撒—塔—哪—瑪」（SAA TAA NAA MAA，分別代表出生、生活、死亡、重生），這樣一組聲音可以安定心神。在做這項放鬆練習時，不妨遵照前面提過的吟誦冥想準則。

◉ 放鬆練習，關閉壓力反應

　　與戰鬥或逃跑的壓力反應相反的是「放鬆反應」。跟壓力反應一樣，放鬆反應是人體的自然反應，可幫助身體回歸到平衡狀態：呼吸頻率變緩、血壓下降、心跳速率變慢、肌肉放鬆、更高階的大腦功能恢復正常。

　　你可以藉由放鬆練習來啟動放鬆反應，就像你透過

重量訓練增長肌肉與強化肌力一樣，放鬆練習可以透過某些特定的簡單技巧去關閉壓力反應，通常非常容易做到，能讓人有效放鬆。以下提供一些準則，有助你練習放鬆。

放鬆練習：首先，找一個不會受人打擾的地方，把背景噪音減到最低。關掉電話、電視、手機等任何附有鬧鐘或可能讓你分心的裝置。

每天至少給自己 15 分鐘的時間做一次放鬆練習，像是呼吸運動、瑜伽或是活力午覺。放鬆練習，就跟體能運動和健康飲食一樣，對你的健康與身心安頓都同等重要。

嘗試在一天不同時段裡練習放鬆技巧。你會發現對你來說某些技巧早上做比較有幫助，有些則在下午或上床睡覺前做，效果似乎更好。放鬆練習接近尾聲時，不要急著結束。這點非常重要。如果你急著結束，感覺上就像你在沉睡中被電話鈴聲吵醒一樣，讓你接下來一整天都覺得失去平衡。花幾分鐘時間，慢慢恢復到正常的清醒意識。

每次練習時，不預設任何期望，最佳心態是保持平

常心，無論體驗到什麼都欣然接受。練習時，不妨對自己說：「我會接受任何我得到的，可能是深層的休息和放鬆，也可能是感到精神煥發，活力十足，也可能什麼事也沒發生，都是我的收穫。」太過用力強求，效果反而不好。

你可能對有些放鬆練習感覺很陌生或不太尋常，但本書提供的練習都是已獲證實能有效關閉壓力反應的，可讓人重拾平衡。不要因為以前沒做過就抗拒嘗試，存疑是好事，但不要因此阻礙你充分感受它的機會，以好玩的心情做下去。

放鬆練習最重要的部分，不在於練習當下發生的事情，而在於你完成後的感受。不要根據練習當中發生的事情，去評斷該項放鬆技巧的好壞。在你練習當中，或許你不會一直感到放鬆。你可能會覺得自己的思緒飄得飛快，一分鐘時速一、兩百萬公里。這都不要緊，放鬆練習能讓你接下來一整天都感到更平衡、清醒、放鬆、神清氣爽，而且活力充沛。如果你在睡前做這些練習，則可幫助你更快入睡，睡眠品質更佳。

科學無法完全解釋為什麼某些放鬆練習的效果這麼

好。以靜坐為例，科學家還沒辦法弄清楚，為何簡單重複一個字或一句話，竟能帶來如此深層且充實的休息，但它就是有辦法做到。

另一個更具威力的呼吸運動，能讓你在接下來的一天全然放鬆並充飽電力，我們稱它為活力午覺。

活力午覺：找張椅子並躺在一旁地板上，把腿放在椅子上。雙手往頭頂上方延伸，感受你的後背被連帶伸展的感覺。接著，慢慢將雙手移到腹部，感受自己的呼吸。確保你是透過腹部做深呼吸，而不是透過胸部。想像你身上的每一組肌肉（肩膀、雙腿等等）都開始放鬆，並左右轉動你的脖子。

像這樣維持呼吸並重複這些呼吸運動約 15 分鐘，然後把你的雙腳從椅子上移開，側躺做出瑜伽的嬰兒式。停一會兒後，再慢慢起身，繼續你正常的活動。

漸進式放鬆：這個練習通常是坐著或躺著進行，一開始先收縮或拉緊你的雙腳，刻意去緊縮腳部肌肉，若以 1 到 10 的強度，大約是 7 或 8，別繃緊到會疼痛的地步。

保持緊縮的狀態，並體驗此時肌肉繃緊的感覺。持

續再撐個 7、8 秒鐘，然後鬆開。集中注意力在你的腳上，體會放鬆後的感覺，感受先前緊繃與此時放鬆之間的差異。接著，深吸一大口氣，再慢慢吐氣。

現在，開始緊繃你的小腿。你可以把腳趾盡量壓平，拉得又平又直。保持這個姿勢 7、8 秒鐘，然後，一下子整個鬆開來，並把注意力放在小腿放鬆後的感覺。然後，深吸一大口氣，再慢慢吐氣。

接下來，身體其他部位進行這樣的流程：大腿、臀部、腹部、胸部、下背部、上背部、頸部、肩部（將肩膀聳起，盡量靠近耳朵）、上臂、下臂與手部（握拳）、臉部下方（下巴、嘴巴、舌頭）、臉部上方（眼睛、額頭、眉毛），最後將全身繃緊。

維持緊繃的姿勢約 10 秒鐘；然後，先深吸一大口氣，再慢慢輕輕地把氣吐光，最後整個放鬆下來。此時，你應該會感到十分放鬆自在。

小憩片刻：白天當中最容易讓人放鬆的方法之一是小睡片刻。這類休息通常不超過 15 分鐘，但有助於克服神智昏沉，重拾清醒與活力。重要的是不要休息過長時間，免得身體進入睡眠週期。一旦你進入睡眠週期卻

被中斷，醒來之後反而會更想睡，整個人昏昏沉沉；可能還會引發頭痛。15 分鐘的補眠剛剛好，不但讓你快速充電，還能防止你進入深層的睡眠週期。

睡眠：對治壓力最重要的方法之一是睡眠。在睡眠時，你的身體會啟動所有的療癒能量去恢復平衡，並撫平你一整天的傷口。

大多數人每晚的睡眠時間，都比應有的時間少了一個小時。這意味著，一星期下來，他們便少了一整晚的睡眠。長期睡眠不足，與壓力的形成有極大關聯。[2]

這些人在睡覺時，甚至沒有得到深層放鬆的充電休息，因為上床時他們的壓力反應依舊活躍。於是，他們身體根據戰鬥或逃跑的訊息，繼續消耗能量，而不是休息、充電和修復。他們在早晨醒來時，反而比睡前感覺更累。這樣一來，壓力豈能不大？

睡眠不足或睡不好可能導致下列狀況：免疫功能降低；罹癌風險提高；罹患糖尿病的機率變大；干擾生長激素的分泌；影響清晰思考的能力；多種壓力相關疾病的罹患機率增高，例如心臟疾病、胃潰瘍、便秘、憂鬱症之類的情緒障礙。

壓力反應運作時，我們可能需要很長時間才能順利入睡，30 分鐘、一個小時，甚至好幾個小時。當你躺在床上非常努力試著入睡時，卻滿腦子想著今天發生的一切，以及所有你明天需要做的事情，想停都停不下來。沒有睡意，卻努力嘗試入睡，情況反而更糟。

你的神經系統並不知道你的身體處在什麼環境，儘管你已躺在床上，但神經系統只會聆聽你上意識的想法。如果你東想西想，思緒停不下來，你的神經系統會處於活動模式，無法關機讓你好好入睡。

嬰兒或孩童通常躺平後不到 5 分鐘就睡著了（如果他們的需求獲得滿足的話）。就算半夜醒來，也應該能夠很快再度入睡。

如果你不是容易入睡的人，以下建議有助於改善睡眠。平常多做，睡眠品質就會愈好。

首先多運動，運動的好處多得不勝枚舉，例如有氧運動可幫助你跳脫壓力反應，透過體能活動，消耗累積的壓力，創造出我們需要且帶來良好感覺的荷爾蒙。

早點睡覺也有幫助，人類祖先沒有像我們這一代人享受到電力帶來的諸多便利，他們天黑時就會上床睡

覺，已有大量研究指出，早睡有助於改善健康。

此外，從你的飲食中戒除各種形式的咖啡因，咖啡因是興奮劑，不是鬆弛劑，攝取太多，會讓你的身體處於隨時準備活動的狀態。這樣一來，要想安然入睡就很難了。

入睡前 30 分鐘，不要使用電子設備。入睡前必須解脫壓力，通常使用電子設備所做的事，不但無法幫助我們解壓，反而造成反效果。

還有睡覺前三、四個小時內最好不要吃東西，沒有什麼比消化需要用到更多的能量（運動除外）。最好在睡覺前，就讓食物充分消化完畢，才不會讓你的能量耗在處理食物。

睡覺時，盡量保持房間全暗。人類祖先並未開燈睡覺，我們也不應該這麼做。如果可能，遮住各種形式的光源，關掉夜燈，把門關上，阻擋各式各樣可能的光源照進房間。同時，保持房間空氣流通。

避免服用助眠藥物，只在極少數情況下，安眠藥可能有幫助；但這類藥物的問題在於成癮性。使用得愈多，會愈依賴這些藥物。

不妨常做以下練習：

- **正念**：盡可能把焦點完全放在呼吸，專注當下。
- **觀想**：想像你最愛的放鬆地點，海邊、山上或寧靜的湖邊，運用本書提到的任何一項意象導引做練習，並確保它是你閉上眼睛入睡前做的最後一件事。如果你在做其中一項放鬆練習時剛好睡著，就好好享受你送給自己的深層睡眠吧！

二十多年來，我們一直在幫助人們管理壓力，主要多半是幫助人們改善睡眠，幾乎所有人都因為這些建議而改善了睡眠品質。

睡眠問題就像頭痛，都是不必要的，對我們的身心健康有害，但也很容易解決，而且不需靠化學藥物。

● 社交與情感連結的靜修練習

社交與情感連結的清淨寧靜，來自與他人之間的關係。當你為他人服務、跟朋友約會，或只是跟某人消磨一天時光，你對自己的表現期望通常不會過高，在這些

情況下，你會發現自己不會有太大的壓力，而且很有活力。要如何保持這種無壓力的人際關係呢？

服務他人：當你幫助別人解決問題，其實有助於減輕自身的壓力。研究發現，即使是那些本身經歷重大壓力事件的人，也可以透過幫助別人，大幅降低自己的壓力。心理學家麥克‧波林（Michael J. Poulin）表示：「幫助他人可以減緩壓力對自己的負面衝擊，有益自身健康。這項研究讓我們對於協助他人，有了更進一步的認識。」[3]

你不必做多麼英勇的事，事實上，該研究將服務定義為花時間幫助朋友、鄰居，以及不住在一起的家人，包括送他們禮物、替他們買東西、做家事、跑腿辦點雜務，以及照顧孩子。[4]

柯維曾說：「服務的方法有千百種。無論我們從事什麼工作，是否隸屬教堂或非營利機構，我們每天一定都有機會服務至少一個人，並在我們的感情帳戶裡存入無條件的愛。」[5]

大多數人都覺得自己壓力很大、很忙，根本沒有心思去幫助別人減輕負擔，或是想等自己有多餘時間、精

力和金錢時，再來考慮做善事，但實際上利他能幫助你減輕壓力，帶給你極大的效益。**通常熱心助人不需要你做出多大的犧牲，但對你減輕壓力的效果卻十分顯著。**[6]

　　與朋友保持聯繫：史丹佛大學教授羅伯‧沙波斯基（Robert Sapolsky）表示，「預測一個人處理壓力的能力好壞，最好（可能也是唯一）的依據就是看他的社交關係。」[7]每星期刻意安排跟某個對你很重要的親人或朋友聯繫，聊一聊；千萬不要好幾星期都不聯繫，不然你們的關係是會變淡的，甚至會消失。你可以安排一個派對、一個午餐或晚餐約會，或是一起看部電影；總之，一起做些事情來保持你們關係的活絡。你會發現，跟朋友共處一個輕鬆的夜晚，不僅讓你的心情變好，還會降低你的壓力。

◐ 靈性的靜修練習

　　心靈的領域十分廣泛，包括形形色色藉由宗教崇拜祈禱與自然連結的事物。無論你對它抱持什麼看法，你還是可以藉由各種練習來尋求心靈的寧靜。

鼓舞人心的閱讀：一份英國大學的研究指出，僅僅只是坐下來閱讀一本好書，就能讓一個人的壓力下降約68%，而且這項研究是受試者在閱讀6分鐘後測量的。此外，閱讀能讓人心跳變穩定，肌肉也不再那麼緊繃。

研究人員認為，閱讀使壓力下降，是因為研究對象必須專心。當注意力不在壓力源，緊繃的肌肉就開始放鬆。主持該項研究的神經心理學家大衛·路易斯（David Lewis）表示：「沉浸在書中世界可以讓人徹底放鬆，從日常生活的煩憂和壓力中抽離出來。注意力從壓力源轉移到閱讀上，讓人置身天馬行空的想像世界。」我們可以這麼說：閱讀本身就是個正念體驗，讓人自然而然專注當下。[8]

閱讀類型很多樣，通俗小說讀起來不費力可放鬆身心，文學名著則讓人全神貫注，而閱讀希臘哲學或維多利亞時期小說時，我們用到的大腦部位也跟日常生活所需的不同。

心理醫師尼克拉斯·卡達拉斯（Nicolas Kardaras）指出：「我們身處在一個多數人不用大腦，只把心思放在購物、電玩或觀看選秀節目的文化裡，許多人內心都

充滿焦慮和憤怒，在這樣的社會裡，勢必有人會興起一種需求，渴望閱讀偉大哲學家的智慧，希望從中得到啟發，學習如何思辯，深入了解思想、美學、道德和哲學是如何形塑今日的我們。」[9]

古典文學裡提出的問題，則可以幫助我們找到生命的意義，從而減少生活的壓力。這些壓力往往是因為我們不加思索才出現的。

聽音樂：許多人表示，音樂是他們最喜歡的解壓媒介。在眾多休閒活動裡，音樂的確能讓人放鬆，神經心理學家路易斯的研究顯示，聽音樂平均能夠降低 61％ 的壓力水平。花同樣的時間，沉浸於暴力電玩遊戲，或是聆聽古典音樂，兩者對人的影響顯然不同。[10]

研究指出，某些類型的音樂比其他類型更能有效減緩壓力反應。古典音樂節奏較慢，似乎更能令人放鬆。而新世紀演奏音樂也具有放鬆效果，這種刻意缺乏架構的音樂，再加上平靜、無特定節奏的旋律，帶給聆聽者一種流暢感，讓人聯想到流水、寂靜的夜晚，或是祥和的自然景色。據壓力管理專家辛西婭・艾克瑞（Cynthia Ackrill）表示：「有些音樂真的能讓心跳變規

律，達到真正健康狀態。」

發現新價值： 沒有人可以預測海嘯、地震或金融風暴這類意外何時降臨，我們能做的就是盡量從這些事件中找出價值、學到教訓，而不是完全崩潰。很奇妙的是，真的有不少人表示，自己在經歷巨大壓力事件後從中獲益。他們把這些事件當作個人試煉，就像古代金匠必須靠高溫的熔爐才能鍛造出金子一樣。當然這種經驗往往十分痛苦，但可以讓人產生深刻自省，進而改變既有的思考模式與優先排序。很多人表示，他們從這些試煉中，學到了耐心、耐受度、謙遜或智慧，也有些人家庭關係改善、同理心提高，或從此學會分輕重緩急處理問題。

心理學家稱這種情況為「發現價值」。為了減少處於困境時的壓力，你可以試著從中找出價值。從這個經歷中，你學到什麼？你的思考模式有什麼改變？你是否變得更有同理心？更珍惜人生中的「小事」？更具有正念？更清楚哪些事才是重要的？

巨大壓力能讓你變得更堅強，正如肌肉一樣，唯有施加壓力，才能讓肌力變強。柯維有一回跟朋友上健身

房，對方是一名運動生理學博士，當天運動想強化肌力。他做臥舉時，請柯維幫忙在臨界點時拿起槓鈴。他堅定的說：「除非我要求你，不然別幫我拿起槓鈴。」

柯維在一旁看著、等著並準備隨時拿起槓鈴。但這個朋友卻持續進行，每當他開始往上推，柯維總會想：「這次他絕不可能推上去的。」但他每次都做到了。當看到這個朋友因為用力，臉上青筋整個爆出來時，柯維心想：「這次槓鈴肯定會掉下來，也許我應該拿開槓鈴，以免壓垮他的胸口；也許他已經失去控制，甚至不知道自己在做什麼。」但什麼事也沒發生，這個朋友還是不斷重複舉高、放下槓鈴。

最後，在這個朋友終於叫柯維拿開槓鈴時，柯維說：「你為什麼可以撐這麼久？」他回答說：「這項運動的好處要到最後才會出現。我的努力是為了強化肌力，但一定要等到肌肉纖維斷裂，神經纖維記錄了這樣的痛苦之後，這一切才可能發生。人體自然會過度補償，不出 48 小時，肌肉纖維就會變得更強了。」

訓練情感肌肉也是運用同樣原則，以耐心為例，當你的耐心超出以往的極限，這個情感纖維就會斷裂，在

人體自然會過度補償下，情感纖維會變得更強。[11]

　　誠如《經濟學人》的精闢描述：「再不好的事，都隱含著有用的訊息，而且是以各式各樣的方式呈現。痛楚教會孩子應該避開什麼，前人的失敗，指引日後創業者別犯同樣的錯誤。」[12]

　　發現價值，不僅能減輕壓力引發的情緒症狀，也能紓緩生理上的症狀。有研究指出，把焦點放在價值上，而不是沉溺於痛苦，能幫助人恢復體內平衡。[13] 發現價值與減輕憂鬱症、降低皮質醇指數、加快疾病復原速度，以及改善免疫系統等息息相關。[14] 一般來說，那些儘管工作辛苦、卻能從中發現價值的人，會比那些不喜歡自己工作的人還要健康。[15]

　　作家戴維‧洛根（Dave Logan）曾遭遇一場重大車禍，顏面嚴重受損；幾個月後，他有感而發的說：「熔爐試煉是世上最嚴厲的老師，但這份禮物足以改變人生。」[16]

　　椎心刺骨的熔爐試煉有助強化情感纖維，讓你茁壯、適應力更強。長久下來，比較不容易產生壓力。

　　《哈利波特》系列小說作者羅琳（J. K. Rowling）是

史上最成功的作家之一。但在成名之前，她一直過著窮困、沒沒無名的生活，甚至憂鬱到想要自殺。她認為自己是一個徹底的失敗者。如今回想起來，她非常珍惜當時從失敗中學到的一切。在哈佛大學畢業典禮的著名演說「失敗的附加價值」裡，羅琳是這樣說的：

　　大學畢業七年後，我歷經了巨大的挫敗。結束一段短暫的婚姻，成了單親媽媽，加上失業，慘到不能再慘，只差沒有流落街頭。無論用什麼標準來看，我覺得自己都是失敗的人。

　　為什麼我要談失敗的價值？原因無他，因為失敗意味剔除不必要的東西。我不再偽裝，而是做我自己，並開始把所有精力投入自己在意的唯一作品上。倘若我當時有別的成功經歷，我可能永遠不會下定決心踏上那個我深信真正屬於我的舞台去追求成功。我獲得了自由，因為**我最害怕的事情發生了，但我仍然活著**。我仍然有個深愛的女兒；還有一台舊打字機，以及一個遠大的夢想。於是，那**堅硬的谷底就成了我重建人生的穩固地基**。[17]

給人巨大壓力的人生事件，可能是我們最好的老師。如果有一天我們必須承受熔爐試煉，減緩壓力的最好做法，就是學習該事件教導我們的價值。

當然有些人喜歡釣魚或接近大自然，有些人喜歡按摩或嘗試另類療法，例如芳香療法或情緒壓力釋放技巧。雖然前面提到的解壓練習，只是眾多解壓技巧中的少數幾招，但我們之所以建議這些方法，是因為我們知道它們對許多人有很大的幫助。

如果你想要解壓，現在就下定決心改變讓你容易產生壓力的思考模式，以下練習可以幫助你建立新的解壓習慣。

自我鍛鍊　如何有效運用各種解壓工具？

這個練習的目的，是透過前面的解壓練習，幫助你減輕壓力指數。

前面問過：在過去一個月，你曾因某件意外發生而備感壓力嗎？頻率有多高？如果你的回答是「有些頻繁」或「非常頻繁」，表示你正經歷極大壓力。你的目

標是要「幾乎沒有」，甚至「完全沒有」。

接下來七天從以下四個面向，試著選一個或多個方法去實踐，並記錄你的進展。

- **頭腦**：意象導引、吟誦冥想、正念覺知。
- **身體**：心肺運動、呼吸運動、活力午覺、漸進式放鬆、瑜伽。
- **社交／情感連結**：服務他人、與朋友保持聯繫。
- **心靈**：鼓舞人心的閱讀、聽音樂、發現價值。

後記

習慣對了，
現實的沉重可以很快消失

美德來自於習慣的養成，

沒有一樣美德是我們與生俱來的。

我們之所以能夠展現美德，全歸因於習慣。

——亞里士多德

　　關於好習慣的養成，我們已經說了許多。那些已經養成解壓習慣的人都知道，我們提出的方法真的有效。有些人發現，一段時間過後，他們的呼吸頻率降低，從每分鐘呼吸 30 次，降到只有 5 或 6 次，他們的血壓下降，不藥而癒，惱人的頭痛也不再困擾他們，緊張和壓

力都成了過去式，快速入睡、熟睡一整夜，醒來後感覺神清氣爽，這一切變成常態。他們的壓力症狀紓解了。

然而，這些不會在一夜之間發生。你必須改變你的思考模式，並實踐一段夠長的時間，才能達到你想要的平靜。你現在可能認為慢性壓力是正常的，有一天你會明白寧靜和放鬆才是正常。

有個朋友打從四歲就開始練琴，多年來他花了無數小時練琴。今日，當他演奏一段音樂，他的手指會自動移到樂譜顯示的鍵盤上，幾乎不必看著鍵盤或自己的手指。他可以不加思索的演奏音符、和弦和花式組合，就跟眨眼一樣自然，他無法想像不會彈琴是什麼樣子。

身體需要的真正常態是平靜，而非緊張。我們的身體不適合活在慢性壓力中，但除非你改變習慣，否則你很難避開這個情緒漩渦。你可以決定壓力有多大，只有你自己可以讓紓壓生活成為常態。

我們已經知道，養成一個新習慣，平均大概需要66天。這不是很長的時間，只不過兩個月再多一點。

規劃放空時段，每天給自己至少15分鐘，實踐書中列出的一、兩項鍛鍊（做完所有練習約需一個小

時），有效建立支持系統，不必凡事一肩扛起，以及善用減法思考，不放大焦慮，把這些技巧與鍛鍊，排進你的每日行程裡。你可以找個人陪你一起做，給你支持，並回饋意見。

每天練習新的思考模式，兩個月不間斷。熟能生巧，每當你重複一個動作，大腦便自動更新迴路，使得你往後的每一次動作變得愈來愈容易。

設定目標，期許自己在兩個月之內，壓力能大幅減輕。想像你期望的模樣：感到平靜、不再頭痛、不憂鬱的日子、晚上更容易入睡等等。每個目標都需要成功的量化標準，你可以用心跳速率或呼吸頻率做為量化依據，你也可以用自行設計的壓力量表來追蹤你的壓力指數：「今天我在壓力量表上得到 10 分，滿腦子都是壓力，我希望明天能夠降到 9 分。」

自我鍛鍊　如何與自己訂定解壓合約？

這個練習的目的，是為了幫助你消除各種引發壓力的生活習慣，改採能夠幫助你放鬆的生活習慣。

跟自己簽訂書面合約，你會更容易改掉那些引發你壓力的思考習慣。此外，你要設定具體的減壓目標，並承諾在某個日期前達成。以下是擬定解壓合約的流程：

回顧本書中，你已經讀過並嘗試過的活動。思索所有你做過的放鬆練習，以及在閱讀當中獲得的洞見。接著仔細思考以下問題，寫下你的回答：

1. 從本書中，你學到哪三件最重要的事情？為什麼重要？認真思考你的答案，包括這些知識與你的人生為什麼相關。

2. 對你來說，最重要的兩個壓力管理目標是什麼？具體指出你在哪一天想要達到什麼結果。

3. 你已實踐過本書介紹的各種解壓技巧，哪兩項對你最有幫助？為什麼有效？

4. 想想你要怎麼做才能順利實現目標，不妨考慮採用對你最有幫助的解壓技巧。

5. 目標實現後，你會得到什麼回報？

6. 選擇一位夥伴或教練來幫助你解壓。找個你信任的人，你看重他的想法，他也能夠以開放心

態聆聽你說話，並提供誠實回饋。跟那人分享你從本書學到的三樣最重要事情，並跟他說你的主要壓力源、你之所以想要更有效管理壓力的原因，以及你的實踐計畫。接著，詢問對方對於你的壓力源與計畫有什麼看法。跟此人談完之後，根據以下提問寫下你的回應：跟你談的人是誰？為什麼選他？這個人提供了什麼想法、建議和意見？這些回饋中，哪些對你有幫助？你從這樣的分享學到什麼？

7. 現在完成下面的解壓合約。

8. 別忘了重回第五章做壓力測試，藉此衡量你的進展。

解壓合約

_____承諾在接下來的_____個星期內達到下列目標，以提高健康與生活品質。這一份我與自己立下的的協議將從_____生效，直到_____為止。屆時，我會再次評估自己達成的進度與目標。

我為自己設定以下兩項具體的壓力管理目標（記得設定具體目標且可以量化，例如：12 月 1 日前，10 分鐘跑完 1 英哩）：

目標 1 ：_____

_____

目標 2 ：_____

_____

我知道我的計畫可能會受到阻礙，因為：

_____

為了避免阻礙發生，我可以：

_____

能夠幫助我達成目標的家人和朋友：

_____

實現目標後，我能夠得到的回報：

_____

遵守這份合約，我給自己的獎勵：

_____

簽名：_____　見證人：_____　日期：_____

致謝

感謝許多人促成了這本書的出版。

首先，感謝家人的大力支持，以及眾多同僚貢獻他們的寶貴時間與專業。

特別感謝富蘭克林柯維公司的媒體發行總監安妮‧奧斯瓦德（Annie Oswald），讓這本書得以順利問世；還有負責本書出版流程的柴克‧克里斯騰森（Zach Kristensen）。

我們也非常感謝狄恩‧科林伍德（Dean Collinwood）博士的真知灼見，以及布雷克‧英格蘭德（Breck England）博士的協助。

謹將本書獻給所有想要擺脫壓力，找回平靜、保持正念覺知，而且活出美好人生的人。

注釋

第1章

1. Henry David Thoreau, *Walden: A Fully Annotated Edition*, Yale University Press, 2004, 72.

2. K. Belkic, P. A. Landsbergis, P. L. Schnall, and D. Baker, "Is Job Strain a Major Source of Cardiovascular Disease Risk?" *Scandinavian Journal of Work, Environment, and Health*, 30(2), 2004:85–128.

3. Bruce A. Cryer, *Neutralizing Workplace Stress: The Physiology of Human Performance and Organizational Effectiveness, presented at Psychological Disabilities in the Workplace*, The Centre for Professional Learning, Toronto, CA, June 12, 1996.

4. "Work Organization and Stress-Related Disorders," NIOSH Program Portfolio, CDC.

5. James W. Pennebaker, *Opening Up: The Healing Power of Expressing Emotions*, Guilford Press, 1997, 64.

6. Judy Martin, "Stress at Work Is Bunk for Business," *Forbes*, August 2, 2012.

7. "NIOSH Report on Stress," Just Breathe: A Wellness Sanctuary, December 5, 2006.

8. Benjamin Fearnow, "Study: 70 Percent of Americans on Prescription Drugs," *CBS News*, June 19, 2013.

9. Research on Work-Related Stress, European Agency for Safety and Health at Work, Office for Official Publications, 2000, 29.

10. "'Heart Risk' to Career Women," *Mail Online*.

11. "Pan-European Study Confirms Link Between Work Stress and Heart Disease," UCL News, September 14, 2012.

12. *Stress in America: Our Health at Risk*, American Psychological Association, January 11, 2012, 18.

13. M. Kat Anderson and Jennifer House, "California's Ancient Cornucopia," The Weston A. Price Foundation, December 10, 2012, http://www.westonaprice.org.

14. R. Bolli (Baylor College of Medicine, Texas), "Mechanism of Myocardial 'Stunning,'" *Circulation*, 82(3), September

做自己心智的主人

1990:723–738.

15. Rika Morioka, "Anti-Karoshi Activism in a Corporate-Centered Society: Medical, Legal, and Housewife Activist Collaborations in Constructing Death from Overwork in Japan," eScholarship, University of California, 2008.

16. T. Hiyama and M, Yoshihara, "New Occupational Threats to Japanese Physicians: *Karoshi* (Death Due to Overwork) and *Karojisatsu* (Suicide Due to Overwork)," *Occupational and Environmental Medicine*, 65(6), June 2008:428–429. See also "Man, 45, Died of Overwork, Japanese Labor Bureau Says, SFGate.com, July 10, 2008.

17. Tamara Mitchell, "Stress: Part 1: The Physiology of Stress," working-well.org, n.d., http://www.working-well.org.

18 Maia Szalavitz, "The Science of Stage Fright: How Stress Causes 'Brain Freeze,'" *Time*, November 28, 2011.

第2章

1. "Among the academic cream of American universities—Harvard, Yale, Princeton, MIT, and the University of Chicago—it is UChicago that can most convincingly claim to provide the most rigorous, intense learning experience," http://www.uniintheusa.com.

2. Stephen R. Covey, *The 7 Habits of Highly Effective People*, New York: Free Press, 309–310.

3. Viktor Frankl, *Man's Search for Meaning*, Boston, MA: Beacon Press, 2006, n.p.

4. Cindy Krischer Goodman, "Stressed Out! 83% in Survey Say They Are at Work," *Miami Herald*, April 9, 2013; and Lisa Belkin, "HuffPost Survey Reveals Lack of Sleep as a Major Cause of Stress Among Americans," HuffingtonPost.com, May 10, 2013.

5. "British Stress Levels Increase to 35 Percent, Study Says," ADP Industry News, January 2012.

6. Constantine von Hoffman, "Suicide Rate Jumps Amid European Financial Crisis," CBS News, Money Watch, April 5, 2012.

7. Scott Hensley, "Suicide Rate Climbs for Middle-Aged Americans," NPR, Shots, May 2, 2013, http://www.npr.org.

第3章

1. T. Nhat Hanh, *Peace Is Every Step: The Path of Mindfulness in Everyday Life*, New York: Bantam Books, 1991.

2. Ann Harding, "Can Mindfulness Curb Overeating?" CNN.com, CNN Health, January 10, 2012.

3. Alan Watts, *This Is It: And Other Essays on Zen and Spiritual Experience*, New York: First Vintage Books, 1958.

4. Jon Kabat-Zinn, *Full Catastrophe Living: Using the Wisdom*

做自己心智的主人

of Your Body and Mind to Face Stress, Guildford, UK: Delta, 1990.

第5章

1. Phillippa Lally, Cornelia H. M. van Jaarsveld, Henry W. W. Potts, and Jane Wardle, "How Are Habits Formed? Modelling HabitFormation in the Real World," *European Journal of Social Psychology*, 40(6), October 2010:998–1009.

第6章

1. Darcia Narvaez, "Adults Out of Control: The Spread of Stress Reactivity," *Psychology Today*, March 25, 2012, http://www.psychologytoday.com.
2. Susan Folkman, ed., *Oxford Handbook of Stress, Health, and Coping*, New York: Oxford University Press, 2010, 39.
3. James Stevenson, "Comment," *New Yorker*, January 26, 1981.
4. Folkman, ed., *Oxford Handbook*, 337–338.
5. Covey, *7 Habits of Highly Effective People*, 32.
6. Christopher Panza and Adam Potthast, *Ethics for Dummies*, Hoboken, NJ: Wiley.

第7章

1. Covey, *7 Habits of Highly Effective People*, 98.
2. Roger T. Williams, "Creatively Coping with Stress," *Journal of Extension*, 18(3), May–June 1980:24–30, http://www.joe.org.
3. Covey, *7 Habits of Highly Effective People*, 97.
4. David Whyte, *The Heart Aroused*, New York: Doubleday, 1996, 142.
5. Warren C. Zabloudil, *Being a Go-to-Tech*, Boca Raton, FL: Universal Publishers, 2012, 76.

第8章

1. Nataly Kogan, "What to Do When You're Totally Unmotivated at Work," *Work + Money*, April 14, 2008.
2. Edward Awh and Edward K. Vogel, "The Bouncer in the Brain," *Nature Neuroscience*, 11(1), January 2008:5–6.
3. Covey, *7 Habits of Highly Effective People*, 156.

第9章

1. Covey, *7 Habits of Highly Effective People*, 208.
2. John Blake, "Two Enemies Discover a Higher Call in Battle," CNN.com, March 9, 2013.
3. "Costco's Profit Soars to $537 Million Just Days after CEO

Endorses Minimum Wage Increase," Huffingtonpost. com, March 12, 2013, http://www.huffingtonpost.com.

第10章

1. Covey, *7 Habits of Highly Effective People*, 239.

2. Caroline Hwang, "Is Stress Contagious? The Health Risks of Secondhand Stress," *Ladies Home Journal*, July 2006.

3. Jamil Zaki, "What, Me Care? Young Are Less Empathetic," *Scientific American*, January 19, 2011, http://www. scientificamerican.com.

4. Rick Nauert, "Stress Effects from Social Isolation Explained," PsychCentral.com, November 15, 2007.

5. Negar Khaefi, "The Importance of Empathy in Decreasing Social Anxiety," July 17, 2012.

第11章

1. Ty Kiisel, "82 Percent of People Don't Trust The Boss to Tell Them the Truth," *Forbes*, January 30, 2013, http:// www.forbes.com.

2. Covey, *7 Habits of Highly Effective People*, 91.

3. "The Cardiovascular Effects of Defensiveness," *The Job Stress Network*.

4. Joshua Freedman, "Stress Is Killing Me! Time for

Emotional intelligence," *Psychology Today*, April 12, 2013.

5. Covey, *7 Habits of Highly Effective People*, 278.

6. Derek Anderson, "Clayton Christensen Talks Venture Capital, Crowd Funding, and How to Measure Your Life." *Tech Crunch*, April 6, 2013.

7. Freedman, "Stress Is Killing Me!".

8. Roger Dobson, "Professional Women More Susceptible to Breast Cancer," *The Independent*, June 9, 2013.

9. Mark A. Runco, *Creativity: Theories and Themes*, Burlington, MA: Academic Press, 2010, 99, 128.

第12章

1. Sam Bracken, *My Orange Duffel Bag: A Journey to Radical Change*, Winnipeg, Manitoba, Canada: Operation Orange Media, 2010.

2. "How Much Sleep Do We Really Need?" National Sleep Foundation.

3. "Being Generous Can Give You More Than a Warm Glow," *Daily Mail Online*, February 5, 2013.

4. Elizabeth Narins, "Pay It Forward, Live Longer," *Prevention*, February 2013.

5. Covey, *7 Habits of Highly Effective People*, 299. 67Elizabeth Scott, "Benefits of Altruism," *Stress Management*, March 13, 2011.

6. Elizabeth Scott, "Benefits of Altruism," *Stress Management*, March 13, 2011.

7. Christie Nicholson, "The Strongest Predictor for Low Stress," *Scientific American*, December 25, 2010.

8. "Reading Can Help Reduce Stress," *The Telegraph*, March 30, 2009.

9. Nicholas Kardaras, *How Plato and Pythagoras Can Save Your Life*, New York: Conari Press, 2011, 230–231.

10. Kardaras, *How Plato and Pythagoras Can Save Your Life*, 230.

11. Covey, *7 Habits of Highly Effective People*, 290–291.

12. "Stress Best," *The Economist*, November 17, 2012.

13. Julienne E. Bower, Carissa A. Low, Judith Tedlie Moskowitz, Saviz Sepah, and Elissa Epel, "Benefit Finding and Physical Health: Positive Psychological Changes and Enhanced Allostasis," *Social and Personality Psychology Compass*, 2(1), 2008:233–234; Julienne E Bower, Judith Tedlie Moskowitz, and Elissa Epel, "Is Benefit Finding Good for Your Health?" *Current Directions in Psychological Science*, December 2009, 337–341; and C. R. Snyder and Shane J. Lopez, eds., *Handbook of Positive Psychology*, New York: Oxford University Press, 2001, 584–587.

14. "Bower et al., "Is Benefit Finding Good for Your Health?" 337–341; V. Tran, Deborah J. Wiebe, Katherine T.

Fortenberry, Jorie M. Butler, and Cynthia A. Berg, "Benefit Finding, Affective Reactions to Diabetes Stress, and Diabetes Management among Early Adolescents," *Health Psychology*, 30(2), March 2011, 212–219.

15. Paula Span, "Caregiving's Hidden Benefits," *New York Times*, October 12, 2011, http://newoldage.blogs.nytimes.com/2011/10/12/caregivings-hidden-benefits/?_r=0.

16. Dave Logan, "My Accident Aftermath and What You Can Learn From It," CultureSync.net, April 29, 2013, http://www.culturesync.net/accident-aftermath/.

17. J. K. Rowling, "The Fringe Benefits of Failure," Ted.com, June 2008.

國家圖書館出版品預行編目（CIP）資料

做自己心智的主人／麥克・區平 (Michael Olpin)、山姆・布拉肯
（Sam Bracken）著；胡琦君譯 . -- 第一版 . -- 臺北市：天下雜誌
股份有限公司 , 2023.03
256 面；14.8×21 公分 . -- （天下財經；488）
譯自：Unwind: 7 Principles for a Stress-Free Life
ISBN 978-986-398-868-7（平裝）

1. CST: 抗壓　2.CST: 壓力

176.54　　　　　　　　　　　　　　　　　　112001125

天下財經488

做自己心智的主人
Unwind: 7 Principles for a Stress-Free Life

作　　者／麥克‧區平 Michael Olpin、山姆‧布拉肯 Sam Bracken
譯　　者／胡琦君
封面設計／Javick工作室
內頁排版／邱介惠
責任編輯／張奕芬

天下雜誌群創辦人／殷允芃
天下雜誌董事長／吳迎春
出版部總編輯／吳韻儀
出 版 者／天下雜誌股份有限公司
地　　址／台北市 104 南京東路二段 139 號 11 樓
讀者服務／（02）2662-0332　傳真／（02）2662-6048
天下雜誌GROUP網址／www.cw.com.tw
劃撥帳號／01895001天下雜誌股份有限公司
法律顧問／台英國際商務法律事務所‧羅明通律師
印刷製版／中原造像股份有限公司
裝 訂 廠／中原造像股份有限公司
總經銷／大和圖書有限公司　電話／（02）8990-2588
出版日期／2023 年 4 月 27 日　第一版第一次印行
定　　價／380 元

書　號：BCCF0488P
ISBN：978-986-398-868-7

直營門市書香花園 地址／台北市建國北路二段6巷11號 電話／（02）2506-1635
天下網路書店　shop.cwbook.com.tw
天下雜誌我讀網　books.cw.com.tw/
天下讀者俱樂部 Facebook　www.facebook.com/cwbookclub

本書如有缺頁、破損、裝訂錯誤，請寄回本公司調換